KBI52539

회계학 콘서트

❷ 관리회계

회계학 콘서트

② 관리회계

하야시 아츠무 지음 | 박종민 옮김 | 반동현 감수

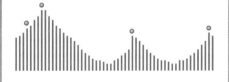

한국경제신문

- **유키**(한나의 사장)

"정말, 골치가 아파요. 기업 경영이 쉽지 않으리라고는 각오했지만 이렇게까지 복잡할 줄은 몰랐어요. ERP시스템 하나면 다 해결될 줄 알았는데… 회계, 영업, 관리 모든 일이 뒤엉켜버렸어요. 어떻게 하면 좋을까요?"

- **아즈미**(유키의 멘토)

"와인 한잔을 곁들여야 모든 일이 술술 풀리죠. 물론 아름다운 곳에서 즐겨야 한답니다. 기업 회계는 그리 골치 아픈 일이 아니에요. 그럼에도 사람들이 미리 겁을 먹는 이유는 어렵다고 생각하기 때문이죠."

- **다마루**(경리부장)

"기회손실은 관리회계의 상식인데… 유키 사장은 그걸 모른단 말입니다. 그리고 제품원가는 '원가계산기준'에 근거해서 계산했는데 이제 와서 그 방식이 잘못되었다니! 나를 초보자 취급하는 건 정말 참을 수 없어요."

- **타로우**(경리사원)

"저는 입사 면접 때 '대학에서 배운 관리회계 지식을 활용하고 싶다'고 말했어요. 하지만 전표를 처리하는 일에 대부분의 시간을 보냈죠. 그러던 어느 날 중요한 임무가 주어졌어요. 회사를 살릴 수도 있고, 죽일 수도 있는…."

- **사토미**(유키의 어머니)

"여행은 정말 즐겁고 유익해요. 세계 곳곳의 명소를 여행하는 기분이란! 특히 프랑스 여행은 일생의 추억이 되죠. 그렇다고 해서 즐기기만 하는 것은 아니랍니다. 간혹 유키의 사업에 결정적 힌트를 주기도 하니까요."

- **가라사와**(정보시스템부장)

"자신있게 이 일을 진행했지만 시스템이 갑자기 동맥경화에 걸렸어요. 처음에 ERP시스템을 도입하면 모든 일이 일사천리로 진행될 줄 알았는데, 오히려 회사를 혼란에 빠뜨리고 있습니다. 아, 도대체 무엇이 잘못 되었을까요?"

- **하야시다**(제조부장)

"난 열심히 만들 뿐이고… 그런데 컴퓨터가 앞길을 가로막고…. 제조부는 대량의 데이터를 취급하기 때문에 컴퓨터가 없으면 업무가 제대로 이루어지지 않아요. 1년 이상의 수작업은 정말 무리란 말입니다!"

- **마나베**(영업부장)

"흠, 영업에 관해서는 나만큼 잘 아는 사람도 없다니까요. 내가 한나의 마케팅을 맡은 이후로 소매점 매출이 월등히 증가했어요. 다 내 노력 덕분이죠. 그런데 회사의 이익은 왜 늘지 않는 건지 도무지 알 수가 없어요."

- **도다**(NFI의 상무)

"우리 회사가 만든 애드온소프트는 초보적인 버그가 발생하지 않아요. 대부분 사용자의 잘못이죠. 그런데 이번 일은 뭔가 의심스러워요. 진나이가 무언가 꿍꿍이를 벌인 것 같아요. 도대체 무슨 일일까요?"

- **다카다**(은행 지점장)

"아! 나의 실수였어요. 나는 다마루 경리부장이 한나에서 제 역할을 다하리라고 생각했는데…. 그는 은행원으로서의 긍지를 저버렸어요. 그나저나 유키는 한나를 살릴 수 있을까요? 내가 무엇을 도와주어야 하죠?"

- **진나이**(NFI 개발담당자)

"ERP의 'E'도 모르고 컴퓨터시스템의 '컴'도 모르는 사람들이 이것도 넣어달라, 저것도 넣어달라… 요구사항이 끝이 없어요. 차라리 하느님을 넣어달라고 하지 그래요. 나에게도 다 방법이 있다고요."

회계에 대한 무지가
재무리스크를 키운다

회계는 비즈니스 현장뿐 아니라 우리의 일상에서도 많이 사용하는 편리한 도구다. 그러므로 회사의 회계 담당자만이 꼭 회계를 배워야 하는 것은 아니다. 마케팅 담당자, 기획 및 홍보 담당자도 알아야 할 지식이다. 나아가 학생, 가정주부, 다양한 직종에 종사하는 프리랜서 등도 더 나은 삶을 위해 배우고 실천해야 할 생활의 동반자다.

회계에 관한 지식이 많은 것과 비즈니스 현장에서 응용하는 것은 별개의 문제다. 마치 영어의 읽기·쓰기 능력이 뛰어난 사람이 반드시 원어민과 자유롭게 대화를 할 수 있는 것은 아니듯이 말이다.

그러한 이유에서 나 자신이 실제로 경험한 일을 스토리텔링 형식으로 엮어 독자들에게 회계가 비즈니스 현장에서 어떻게 활용되고 있는지를 실제 상황과 똑같이 체험할 수 있도록 집필한 책이 《회계학 콘서트 ①수익과 비용》이었다.

20년 이상 관리회계에 종사해온 경험을 바탕으로 생각해보면

IT(컴퓨터와 데이터통신에 관한 기술)가 관리회계의 진화를 촉진시킨 강력한 촉매임을 통감한다. 하지만 관리회계는 IT의 진화를 따라가지 못하고 있다. 이런 현상이 경영에 여러 악영향을 미치고 있다. 경리 부서와 정보시스템 부서는 제각각 행동하고, 경영자들은 IT에 투자하면 그 어떤 정보라도 손쉽게 얻을 수 있다고 착각하는 것이 현실이다.

관리회계는 '복식부기'라고 불리는 정보정리 기법을 사용해 '경영자의 의사결정을 지원하는 회계'라는 사실은 말할 필요도 없을 것이다. 복식부기는 14세기 무렵 이탈리아의 무역회사에서 처음 시작됐다고 알려져 있지만, 이 복식부기를 세상에 알린 사람은 레오나르도 다 빈치에게 수학을 가르쳐준 수도사 파치올리Luca Pacioli('회계의 아버지'로 불리는 이탈리아 수학자 - 옮긴이)였다.

파치올리는 1494년에 집필한 《산술집성》(당시의 산술, 대수, 삼각법에 관한 모든 지식을 집대성한 책 - 옮긴이)에서 복식부기를 소개하고 있다. 여기서 주목해야 할 것은 르네상스 시대에 널리 퍼진 복식부기를 오늘날의 현대 기업은 그 어떤 의문도 없이 대부분 그 형태 그대로 계속 사용하고 있다는 점이다.

금세기에 들어서야 회계는 새로운 시대를 맞게 됐다. IT가 회계의 진화를 촉진하고 있기 때문이다. 예를 들면 회계데이터(복식부기에 의한 분개(分介))는 판매 부문이나 제조 부문에서 만들어진 업무데이터를 이용하면 사람의 손을 빌리지 않고도 만들 수 있다. 즉 이론상으로는 결산서를 통해 업무 활동까지 거슬러 올라갈 수 있게 된 것이다.

가장 대규모적인 회계시스템은 ERP시스템이다. 하지만 ERP시스템은 간단히 도입할 수 없을 뿐더러 이 시스템이 만드는 관리회계정보 또한 경영에는 전혀 도움이 되지 않는다. 나아가 잘못된 경영 판단을 초래하는 일도 적지 않다.

왜 이와 같은 일이 발생하는 걸까? 그리고 회사는 어떤 회계정보시스템을 구축해야 할까? 이 두 가지 질문은 정보화 시대를 살아가기 위해 우리가 반드시 짚고 넘어가야 할 화두다.

이 책에는 유키와 아즈미 교수를 비롯한 다양한 성격의 인물들이 등장한다. 그들이 겪는 사건, 행동과 의식, 이야기를 통해 회계에 대한 기초에서부터 응용까지 폭넓게 배울 수 있다. 이 책의 모든 소재는 필자가 직접 경험한 사실을 바탕으로 회계를 조금 더 쉽게 이해할 수 있도록 구성한 것이다.

회계는 어렵다는 편견을 날려버리고 회계의 참된 재미를 깨달아 학생은 미래의 CEO가, 주부는 가정경제의 책임자가, 직장인은 끊임없이 자신을 개발하는 프로가 되기를 바란다.

하야시 아츠무

회계학 콘서트

❷ 관리회계

* 국제회계기준(IFRS)에 따라 용어 '대차대조표'를 '재무상태표'로 바꾸었습니다.

앗! 컴퓨터가 움직이지 않는다

"회사를 파산시킬 생각이세요?"

유키는 보기 드물게 감정을 드러내며 차갑게 말했다. 유키는 부친에게서 '한나'를 물려받은 뒤 자신이 지금까지 그럭저럭 회사를 잘 꾸려온 것은 직원들이 헌신적으로 일해주었기 때문이라고 늘 생각했다. '직원은 운명공동체'라고 인식했고, 또 그들이 역량을 발휘할 수 있도록 가능한 한 참견은 자제해왔다. 그러나 오늘만큼은 참을 수 없었다. 사운을 걸고 추진해온 컴퓨터시스템* 도입 프로젝트가 계획대로 잘 진행되지 않고 있기 때문이다.

그뿐만이 아니다. 시스템화가 늦어져 사업 추진에 급제동이 걸려버렸다. 모처럼 사업이 궤도에 올랐는데… 생각지도 않은 복병이 나타나 한나의 업적을 갉아먹고 있는 것이다.

★ **컴퓨터시스템** : 컴퓨터를 사용하여 대량의 업무데이터를 처리하는 시스템. ERP시스템은 컴퓨터시스템의 일부다.

유키의 눈앞에는 그 장본인인 가라사와 정보시스템부장이 풀죽은 어린아이처럼 서 있었다. 그는 화려한 경력을 자랑하며 입사한 경험 많은 시스템 엔지니어(SE)*다. 한나에 입사하기 전에는 대기업인 SI 회사**에서 몇 개의 시스템을 구축한 경력도 가지고 있다.

"그만한 인재는 찾기 어려울 것입니다."

헤드헌팅 회사 담당자는 입이 닳도록 그를 칭찬했다. 처음 면접에서 만났을 때 가라사와의 인상은 강렬했다. 그는 성공 경험이 많을 뿐만 아니라 컴퓨터에 관한 한 모든 것을 알고 있다고 호언장담했다.

"저를 믿어주십시오."

확실히 그때의 가라사와는 자신감이 넘쳐났다. 유키는 잠깐 망설였지만 가라사와가 제시한 조건으로 그를 채용하기로 결정했다.

"책임 지고 반드시 성공시키겠습니다."

가라사와는 자신 있게 약속했다. 그렇게 정보시스템부장으로 취임하고 3년이란 시간이 흘렀다. 유키의 눈앞에 그렇게 자신만만해하던 그가 힘없이 고개를 떨어뜨리고 서 있는 것이다.

(그때의 그 자신감은 허세였던 걸까?)

유키는 그동안 가라사와와 주고받았던 대화를 떠올렸다.

★ **시스템 엔지니어(SE)** : 고객의 요구 사항을 토대로 요건을 정의하고, 구축하고자 하는 컴퓨터시스템의 내용을 명확히 한 뒤 구축 프로그램을 설계하는 전문 기술자.

★★ **SI 회사** : SI는 System Integration의 약자. 정보시스템의 입안에서 도입, 사후 보수에 이르기까지 일괄해서 서비스를 제공하는 회사.

"ERP시스템*을 도입하면 수주에서 출하 그리고 대금 회수까지의 데이터를 일원적으로 관리할 수 있습니다. 일손도, 재고도, 회사 운영자금도 큰 폭으로 줄일 수 있습니다. 무엇보다도 시스템 구축에 투자한 자금은 2년 정도면 회수할 수 있고요."

ERP! 이 알파벳 세 글자는 불가사의한 마력을 갖고 있었다. 유키는 ERP시스템을 도입했다는 사실만으로도 왠지 모를 우월감마저 느꼈다.

(그러나 어리석었어….)

사실을 말하자면 유키는 ERP가 무엇인지 전혀 알지 못했다. 그래서 가라사와를 정보시스템부장으로 채용한 것이다. 시스템 전문가에게 맡겨두면 한나는 지금과는 다른 우량기업으로 틀림없이 변신할 것이라고 믿었다. 지금 당장은 막대한 금액이 들더라도 성장을 위한 투자라 여기며 맘 편하게 생각했다.

하지만 지금 생각해보니 그것이 실수였다. 이 ERP시스템은 한나를 큰 혼란에 빠트렸다. 영업 담당이 수주액**데이터를 조회해도 올바른 결과가 나오지 않았다. 생산에 착수하고 싶어도 창고에 옷감과 부속품이 없었다. 반대로 옷감 재고가 있는데도 구입 발주가 떨어지기도 했다. 공장 바닥에는 재단한 옷감 부품들이 산더미처럼 쌓여갔다.

★ **ERP시스템** : Enterprise Resource Planning의 약자. 사람, 물건, 돈과 같은 경영자원을 기업 전체에 가장 적절하게 배분함으로써 효율적인 경영 활동을 이끌어내고자 하는 개념. 이 개념을 실현하기 위한 정보 기반이 ERP시스템이다.

★★ **수주액** : 단골 거래처에서 받은 주문 가운데 아직 제품을 출하하지 않은 주문 잔액. 회계적으로 표현하면 수주했음에도 불구하고 매출로 계상되지 않는 금액이다. 회사의 업적을 알 수 있는 중요한 선행지표다.

경영의 도구여야 할 ERP시스템이 회사의 짐이 되어버린 것이다.

그러다 보니 제조 부문에서 컴퓨터가 출력한 데이터를 신뢰하는 사람은 단 한 명도 없었다. 심지어 현장 작업자들은 노트에 데이터를 일일이 손으로 기록하면서 일을 하는 어처구니없는 사태가 벌어졌다. 또한 비교적 컴퓨터화가 진척된 영업 부문에서조차 그다지 좋은 평판을 얻지 못했다. 응답이 너무 늦기 때문이다. 제품 재고를 조회해도 화면에 결과가 표시되기까지 20초 가까이 걸렸다.

"이래서는 일이 제대로 될 리가 없어."

영업부원들은 하나같이 불만을 토로했다. 유키가 가장 실망한 것은 '회계정보'였다. ERP시스템에서 출력되는 회계정보를 전혀 신뢰할 수가 없었다. 뿐만 아니라 불필요한 회계정보가 수없이 출력됐다. 그럴 때마다 차가운 젤라또(이탈리아 셔벗 또는 아이스크림─옮긴이)를 먹고 싶은데 뜨거운 커피나 경단이 나오는 것과 같은 기분이었다.

(이런 회계정보라면 차라리 없는 편이 나아.)

유키의 분노는 좀처럼 수그러들지 않았다. 그리고 오늘 마침내 시스템이 다운*됐다. 응답 문제를 개선하고자 하드웨어를 교체하고

★ **시스템 다운** : 뜻하지 않게 컴퓨터시스템이 정지 상태가 되는 현상.

또 일부 프로그램을 수정했는데 이번에는 그 프로그램에 버그가 발생한 것이다.

"언제쯤 회복될 수 있나요?"

유키가 묻자 정보시스템부장 가라사와는 자신 없는 목소리로 대답했다.

"밤을 새워 작업해도 며칠은 걸릴 것 같습니다."

얼마간 침묵이 흐른 뒤 부장은 쉰 목소리를 짜내듯이 말했다.

"수작업으로 전환하는 것이 좋을 듯싶습니다만⋯."

유키는 자신의 귀를 의심했다. 좀처럼 진척되지 않는 ERP시스템 도입 작업으로 인해 막대한 개발 비용은 계속 증가하여 이미 한나의 경영을 압박하고 있었다. 지금까지 의심의 여지없이 믿었던 정보시스템부장은 완전히 자신감을 상실한 모습이었다.

(설마 모든 것을 수작업으로 전환할 생각은 아니겠지⋯.)

유키는 불안했다.

수작업으로 전환하면 모든 직원이 지금보다 더 큰 부담을 감수해야 했기 때문에 그런 건의를 간단히 "알겠어요"라고 경솔하게 받아들일 수는 없었다.

"부장님, 무슨 일이 있어도 1주일 안에 컴퓨터시스템을 복구하세요. 이건 업무 명령이에요."

유키는 분명한 어조로 못을 박았다. 그러자 가라사와의 입에서 뜻밖의 대답이 튀어나왔다.

"포기할 수밖에 없습니다."

"네? 뭐라고요!"

유키는 또 한번 자신의 귀를 의심했다. 그것은 상상도 못했던 반응이었다.

"분명히 말씀드리겠습니다. 아무리 프로그램을 수정해도 사장님이나 각 부서의 책임자가 만족할 만한 수준에는 이르지 못합니다. 따라서 처음부터 다시 시작하는 것이 좋다고 생각합니다."

"처음부터 다시 시작하다니요, 도대체 그게 무슨 소리예요?"

유키는 가라사와의 갑작스러운 말을 전혀 이해할 수 없었다.

"이번 작업의 실패의 원인은 ERP패키지를 한나의 현재 업무 상태에 맞췄기 때문입니다. 그 과정에서 애드온^{Add-On}★을 사용해 몇 개의 프로그램을 추가할 수밖에 없었고, 그 결과 투자 금액이 예산을 초과해 결국 사용성이 떨어지는 컴퓨터가 되어버린 것입니다."

가라사와는 지친 표정으로 설명했다. 유키는 잠시 멍한 얼굴이 되었다. 그의 말을 정확히 이해할 수는 없었지만 무언가 대단히 잘못되어가고 있다는 것만은 분명히 알 수 있었다.

"그래서 처음부터 다시 만들어야 한다는 건가요?"

"한나의 업무 방식을 ERP시스템에 맞춰야 합니다. 그러면 모든 문제가 해결됩니다."

"그런 무책임한 말씀을!"

유키는 치미는 분노를 간신히 억눌렀다.

★ **애드온** : 소프트웨어에 추가되는 확장 기능.

"컴퓨터시스템 구축에 관한 모든 일을 부장님께 일임했었는데 이제 와서 그렇게 말씀하시면 곤란하죠."

"······."

가라사와는 아무 말 없이 고개를 창밖으로 돌렸다.

오후 2시, 유키는 긴급 임원회의를 소집했다.

하야시다 제조부장과 그의 소개로 4년 전에 입사한 마나베 영업부장(대기업 의류제조회사에 재직했었다), 주거래은행의 추천으로 입사한 다마루 경리부장이 참석했다. 유키는 정보시스템부장으로부터 보고받은 사항을 냉정한 목소리로 또박또박 전했다.

"정말 어처구니없는 녀석이군. 이 시스템 개발에 도대체 얼마가 들어갔는지 알기나 하는 거야? 자그마치 2억 엔이라고, 2억 엔!"

얼굴이 일그러진 경리부장의 입에서 막말이 튀어나왔다.

"개발을 위탁한 NFI Japan(Nippon) Financial Systeming 녀석들은 허구한 날 밤을 샌다는군요. 무슨 일을 하는지는 당최 알 길이 없습니다만, 그들에게 2억 엔이나 지급했다는 생각을 하면 도무지 화가 나서 견딜 수 없습니다."

영업부장은 금방이라도 주먹으로 책상을 칠 기세였다.

"정보시스템부장이 설마 NFI와 이상한 관계는 아니겠죠?"

영업부장이 느닷없이 경리부장을 향해 물었다.

"그게… 무슨 뜻이지?"

경리부장이 순간 얼굴을 찌푸리며 되물었다.

영업부장의 생각은 이랬다. 컴퓨터시스템이 제대로 작동하지 않는 것은 도입 작업을 추진해온 NFI의 책임이다. 그들은 지금까지 몇 번이나 '책임 지고 ERP시스템을 완료하겠습니다'라고 약속했다. 그러나 킥오프 미팅*으로부터 2년이 지난 지금도 여전히 전면 가동이 언제쯤 가능할지 전혀 알 수 없는 상태고, 한나는 그에 따른 막대한 손해를 입게 됐다. 따라서 한나는 대금을 지급할 의무가 없는 것이다. 그런데 경리부장은 프로젝트 지연을 항의한 적이 한 번도 없을뿐더러 추가 대금이 청구되어도 아무런 의심이나 불평 없이 바로바로 지급했다. 뭔가 뒷거래가 있지 않고서야 있을 수 없는 일 아닌가?

엉뚱한 화살을 맞은 경리부장이 언짢은 표정을 지으며 영업부장에게 물었다.

"뇌물이나 향응이 있었을지도 모른다는 얘기인가?"

"그럴 가능성을 전혀 부정할 수 없는 상황이잖아요."

영업부장은 노골적으로 의심의 눈길을 보내며 대답했다.

"경리부는 청구서를 자세히 조사하고 있습니까?"

두 사람의 대화를 듣고 있던 제조부장이 끼어들었다.

제조부장 역시 결과적으로 경리부도 거들었으리라 짐작했다. NFI의 청구 내용을 검토한 뒤 의문이 들면 경리부가 대금 지급을 정지했어야 했다는 생각이었다.

"이봐, 하야시다 부장. 솔직히 말해 나는 컴퓨터에 대해서는 문외

★ **킥오프 미팅** : 프로젝트 개시를 선언하기 위한 모임.

한이야. 청구 내용을 봐도 도대체 무슨 내용인지 전혀 모르기 때문에 어떤 판단도 내릴 수 없어. 게다가 청구서에는 사장님의 서명이 있기 때문에 경리부장으로서 지급을 정지한다는 건 가당치도 않은 일이야. 그렇지 않나?"

경리부장은 화가 날만도 한데 부드러운 목소리로 대답했다.

결국 경리부장은 화살을 유키에게 돌린 셈이다. 유키는 확실히 품의서★에 서명을 했기 때문에 최종적인 책임은 사장인 자신에게 있다고 해도 할 말은 없었다. 그러나 유키는 여기 있는 사람 모두가 이 프로젝트에 찬성했기 때문에 품의서에 서명을 했고, 그래서 프로젝트가 시작된 것 아니냐고 반문하고 싶었다. 그러나 그보다 더 급한 것은 오늘 모인 이유였다.

"그래요. 사실 모든 책임은 저에게 있어요. 하지만 지금은 그게 중요한 게 아니에요. 정보시스템부장이 제안한 컴퓨터시스템을 다시 새롭게 만든다는 안에 대해서 여러분의 의견을 듣고 싶어요."

영업부장은 얼굴을 찌푸리며 반론했다.

"이미 일부 단골 거래처와 구입처들과의 수주 및 발주는 컴퓨터시스템 데이터로 주고받기 때문에 중단할 수 없습니다."

제조부장도 개발을 중단해서는 안 된다고 주장했다.

"현재는 데이터의 신뢰성에 문제가 있으므로 부족한 부분은 수작

★ **품의서** : 어떤 일을 시작하거나 설비·서비스를 구입할 때 작성하여 관계자 모두가 회람한 후 서명날인을 한 시점을 결의된 것으로 인정하는 결제시스템. 이 시스템은 책임 소재가 불명확하고 또 품의서 작성이나 회람에 많은 시간이 소요된다는 비판을 받는다.

업으로 보완하고 있습니다. 하지만 제조부는 대량의 데이터를 취급하므로 컴퓨터를 사용하지 않으면 업무가 제대로 이루어지지 않습니다. 앞으로 1년 이상의 수작업은 무리입니다. 아무리 노력해도 고작 반년 정도입니다. 반년 안에 컴퓨터시스템을 가동시키지 않으면 제조부는 더 이상 버티기 어렵습니다."

그러자 경리부장이 어처구니없다는 표정으로 제조부장의 말을 반박했다.

"지금 이 시스템을 구축하는 데 2년이나 걸렸다는 걸 알고도 그런 말이 나와? 그런데도 제대로 가동되지 않고 있어. 반년 안에 시스템을 정상 가동시킨다는 건 도저히 불가능한 일이야."

"여기서 왈가왈부해봤자 결말이 나지 않습니다. 정보시스템부장이 더 분발할 수밖에 없습니다."

제조부장은 이대로 프로젝트를 중단하면 두 번 다시 재개할 수 없을 거라는 생각에 초조함을 느꼈다. 그때 경리부장이 경멸적인 시선으로 제조부장을 노려보며 말했다.

"하야시다 부장은 사람이 너무 물러 터졌어. 그래 가지고서는 일이 제대로 안 되지."

"그럼 경리부장님은 어떻게 해야 한다고 생각하십니까?"

얼굴이 빨개진 제조부장은 경리부장의 말을 되받아치며 응수했다.

"그건 정보시스템부장이 해결할 일이지, 컴퓨터 사용자일 뿐인 나와는 관계없는 일이야."

경리부장은 그렇게 대답을 얼버무렸다.

유키는 아무런 도움이 되지 않는 세 사람의 주거니 받거니 하는 대화를 들으면서 앞으로 자신이 취해야 할 선택을 이리저리 궁리했다. 정보시스템부장이 말한 대로 작업을 중단하고 2억 엔이나 쏟아부은 컴퓨터시스템을 포기해야 할까? 만약 다시 만든다면 새로이 구축되는 시스템은 제대로 가동될까? 모든 것을 버리지 않고 현재 개발 중인 시스템의 일부를 활용하는 방법은 없을까?

어쨌거나 이대로는 한나가 시스템 개발이라는 깊은 늪 속으로 빠져들 것이 너무나도 자명했다. 하루라도 빨리 결론을 내리고 행동으로 옮겨야 했다.

분노와 불안감이 유키를 엄습했다.

소득 없는 회의가 끝나고 세 사람이 사장실을 나간 뒤에도 유키는 계속 생각에 잠겼다. 아무리 생각해봐도 이렇다 할 묘안이 떠오르지 않았다. 생각할수록 그에게 부탁하는 수밖에 없다는 마음이 간절해졌다. 유키는 휴대전화를 꺼내 통화 버튼을 눌렀다.

뚜~우, 뚜~우.

귀에 익지 않은 발신음 소리가 몇 초간 계속됐다. 그리고 그리운 목소리가 저 멀리에서 들려왔다.

"아즈미입니다. 말씀하세요."

제1장

컴퓨터는 왜
쓰레기 제조기가
됐을까?

아무것도 먹지 말라

"아즈미 선생님이세요?"

유키는 주저주저하며 물었다.

"아, 유키 양. 오랜만이군."

수화기 저편에서 들려오는 아즈미의 목소리가 유키는 너무나도 반가웠다. 목소리의 감이 먼 것으로 보아 아마도 아즈미는 가깝지 않고, 조금은 소란스러운 레스토랑에 있는 것 같았다.

"제 말이 잘 들리세요?"

유키는 큰 목소리로 물었다.

"잘 들리고말고. 지금 내가 어디에 있는지 맞춰봐!"

"외국이세요?"

"맞아. 힌트를 줄게. 지금 나는 땀을 뻘뻘 흘리면서 똠양꿍(신맛과 매운맛이 잘 어우러진 태국의 대표적인 요리 – 옮긴이)을 먹고 있어."

"태국이세요?"

인생은 절망과 희망의 연속이다. 절망에 좌절해서는 안 되며, 희망에 들떠 현실 직시를 게을리해서도 안 된다. 문제가 생겼을 때 냉정히 대응하면 모든 문제를 해결할 수 있다.

"그래, 맞아."

아즈미는 유쾌한 목소리로 대답했다. 업무차 방콕에 와 있고, 지금 고객과 함께 해산물 요리 식당에서 식사 중이라고 했다.

"아무래도 문제가 생긴 것 같군."

"네. 또 자신이 없어졌어요."

유키는 아즈미에게 현재 한나의 상황과 그렇게 된 지금까지의 경위를 간략하게 설명했다.

"한나가 과연 재기할 수 있을까요?"

유키는 지푸라기라도 잡고 싶은 심정으로 아즈미에게 물었다.

"인생은 절망과 희망의 연속이야. 그러니 마음 굳게 먹고 냉정히 대응하면 모든 문제를 해결할 수 있어."

자신에 찬 아즈미의 목소리가 수화기를 통해 들려왔다.

"선생님을 직접 뵐 수는 없겠죠?"

유키는 전처럼 한 달에 한 번씩 들었던 컨설팅 강의를 이제는 들을 수 없다고 생각하자 암울한 마음이 들었다. 그런 찰나에 아즈미가 뜻밖의 말을 건넸다.

"내일 오전이라면 스케줄이 비어 있어."

"내일이라고요?"

유키는 어안이 벙벙했다. 그 말은 지금 즉시 항공권을 구해 오늘 밤 비행기로 방콕으로 날아가 내일 아침 아즈미와 상담한 뒤, 다시 밤 비행기로 일본으로 돌아와야 한다는 뜻이었기 때문이다. 유키는 비좁고 갑갑한 비행기 좌석을 떠올리자 벌써부터 머리가 지끈거렸다. 한숨도 자지 못하고 비행기에서 내리면 정작 중요한 아즈미와의 상담에서는 졸음이 몰려올 것이 뻔했다. 어떻게 해야 할까?

아니나 다를까 아즈미의 요구는 직선적이었다.

"지금 바로 방콕행 비행기표를 끊도록 해. 좌석은 비즈니스 클래스, 기내식은 절대 먹어서는 안 돼."

(비즈니스 클래스? 아무것도 먹지 말라?)

유키는 아즈미의 의도를 이해할 수 없었다.

"아침밥을 먹으면서 이야기를 나누자고. 그러니까 식사는 그때까지 보류야."

아즈미는 딸깍, 전화를 끊었다.

자신도 모르게 휩쓸리다

다음 날 아침, 유키는 세미 더블베드(더블베드의 3/4 크기의 침대 – 옮긴이) 위에서 눈을 떴다. 모처럼 기분 좋게 일어날 수 있었다. 아즈미가 말한 대로 큰맘 먹고 비즈니스 클래스 티켓을 끊었고, 다른 사람들이 식사하는 모습을 곁눈질하면서 물 이외에는 아무것도 먹지 않았다.

(바로 이거였어!)

유키는 비로소 단식의 의미를 이해할 수 있었다. 비행기에서 내려 예약한 호텔로 가니 새벽 1시였다.

그리고 오늘 아침 일찍 유키는 아즈미가 기다리는 호텔 레스토랑으로 향했다. 호텔은 장엄하게 흐르는 차오프라야강(태국 중부를 흐르는 태국 최대의 강-옮긴이)이 내려다보이는 강가에 위치해 있어 관광객을 태운 목조 배가 요란한 소리를 내며 왕래하는 모습을 창밖으로 볼 수 있었다. 레스토랑은 개방형으로 세계 곳곳에서 찾아온 관광객들이 다양한 모습으로 아침 식사를 하고 있었다.

유키가 아즈미를 찾으려고 이리저리 둘러보는 순간 태국의 민족의상을 입은 젊은 웨이터가 다가와 유키에게 합장하며 미소 지었다.

"아즈미 님이 기다리고 계십니다."

오래간만에 보는, 덥수룩한 머리의 아즈미는 5년 전과 조금도 변하지 않았다.

"건강해 보이니 안심이야."

"걱정을 끼쳐 드려 죄송해요. 선생님은 살이 좀 빠지신 것 같네요."

"응, 주스 단식이 효험을 보이고 있지."

아즈미는 기쁜 듯이 배를 내밀며 가볍게 문질렀다.

"어젯밤 몇 시에 도착했지?"

"수바르나부미 공항(태국 사뭇쁘라칸에 있는 국제공항-옮긴이)에 도착한 시간이 밤 11시였고, 새벽 1시가 넘어서야 겨우 호텔 체크인을 할 수 있어요."

아즈미는 미소 지으며 고개를 끄덕였다.

"요즘 한나의 실적은 어때?"

유키는 간략하게 회사 현황을 들려주었다. 한때는 연간 매출액이 60억 엔까지 떨어졌으나 그 후 100억 엔까지 회복했다는 것과 경영 간부를 새로이 채용한 일, 베트남 호치민에 캐주얼웨어 공장을 세운 일, 컴퓨터시스템 도입에 차질이 생긴 현재 상황까지… 최근 5년 사이에 있었던 일을 전부 이야기했다.

"웃는 얼굴로 뵙고 싶었는데…."

유키는 이번 일 역시 자신의 힘으로는 도저히 해결할 수 없는 상황인지라 아즈미의 도움을 받고 싶다고 솔직하게 털어놓았다.

테이블에 호화로운 아침 식사가 차례차례 놓여졌다. 아즈미는 여유로운 표정으로 냉수를 한 모금 마신 뒤 유키에게 물었다.

"컴퓨터시스템을 도입하겠다고 생각한 계기는 뭐지?"

"제가 경솔했던 것 같아요."

유키는 당시의 상황을 떠올리며 떠듬떠듬 이야기를 시작했다.

신출내기 사장이 도산 위기에 처한 중견기업을 소생시켰다.

의류업계 관련 잡지마다 유키에 대한 성공기가 소개되어 유키는 일약 '화제의 인물'이 됐다. 이 일로 중견 우량 회사의 CEO들만이 회원이 될 수 있는 'CEO클럽'의 특별회원으로 추천을 받기에 이르렀다. 옷밖에 몰랐던 유키에게는 그곳에서 만난 CEO들의 다양한 이야기를 듣는 것이 즐거웠고 또 유익했다.

어느 날, 유키가 소파에 앉아 책을 읽고 있을 때 옆에서 CEO클럽 CEO들의 이야기 소리가 들려왔다.

"슬슬 우리 회사도 컴퓨터시스템에 대대적인 투자를 하려고 생각하고 있지요."

머리가 벗겨진 뚱뚱한 사장이 옆에 앉은 백발의 사장에게 득의만면한 표정으로 말을 걸었다.

"하루라도 일찍 시작하는 게 좋아요. 컴퓨터시스템 도입이 늦어지면 살아남기 어려우니까요."

"가와사키 사장님의 회사는 직접 개발했습니까?"

"천만에요. 우리 회사에 그런 우수한 인재가 있을 리 없지요. IT기업에 다니는 제 자식놈의 의견을 받아들여 가장 신뢰할 수 있는 ERP 패키지를 구입하기로 했어요. 도입 작업은 대기업 SI 회사에 의뢰했고요. 중소 SI 회사는 신뢰할 수 없어서 말이지요."

백발의 사장은 잘난 체하며 주절거렸다.

"역시 그렇군요. 우리 회사 직원들은 자신들이 개발하고 싶다며 좀처럼 말을 듣지 않는 거예요. 결국은 '너희에게는 무리'라고 일침을 놓고는 제 결단으로 ERP패키지를 구입하기로 했지요."

뚱뚱한 사장은 소파에 거만스럽게 몸을 뒤로 젖혀 앉으며 자기 부하들의 험담을 했다.

"사장님이나 저나 영 형편없는 직원들 때문에 고생이 이만저만이 아니군요. 하하하."

두 사람은 자신들의 의지로 ERP패키지를 구입한 사실을 서로 자랑했다.

(ERP? 그리고 시스템화를 추진하지 않으면 살아남을 수 없다?)

유키는 자신에게는 미지의 세계와도 같은 컴퓨터시스템 이야기에 불안한 마음을 달랠 길이 없었다.

CEO클럽에서는 컴퓨터를 사용한 핵심 업무의 시스템화, 특히 그중에서도 ERP시스템의 도입에 따른 장점이 몇 번이나 거론됐다. 그 이야기에 휩쓸려 유키는 자신도 모르는 사이에 언젠가는 ERP시스템을 하나에도 도입해야 한다고 생각했다. 그리고 어느새 두 사장이 나눴던 대화가 트라우마가 되어 유키의 뇌리에서 떠나지 않았다.

"유키 양이 컴퓨터시스템에 막대한 돈을 쏟아붓고자 결단한 이유는 그것만이 아닐 거야."

아즈미는 유키를 초조하게 만든 진정한 이유를 이미 꿰뚫어보고 있었다.

"유키 양은 그 정도 이야기에 휩쓸려 억 단위의 계약서에 서명할 만큼 어리석은 경영자가 아니야."

"아무리 노력해도 회사의 실적이 향상되지 않았어요."

그때까지 꿋꿋이 앉아 있던 유키의 눈에서 슬며시 눈물이 흘렀다.

하루하루가 눈코 뜰 새 없이 바쁜 나날이었다. 실적은 조금씩 개선

되어 간신히 매출액 100억 엔을 회복했다. 하지만 100억 엔을 경계로 매출액은 좀처럼 늘어날 기미를 보이지 않았다. 설상가상으로 제조 현장에서는 품질 불량과 납기 지연이 발생하기 시작했다. 재고가 증가하고 간접 작업자가 늘어 이익은 계속 감소했다. 유키는 어떻게든 이 사태를 타개하기 위해 온갖 수단을 강구했으나 전혀 나아지지 않았다.

"ERP시스템 도입을 서둘렀겠군."

"네. 그것이 최선의 선택이라고 생각했어요. 그때는요."

유키는 회한이 담긴 표정으로 고개를 주억거렸다. 아즈미는 그런 유키를 아랑곳하지 않고 담담히 말했다.

"그러나 실적은 좀처럼 회복되지 않았고, 원가 또한 절감되지 않았으며, 재고 역시 늘어날 뿐이었겠지. 게다가 컴퓨터시스템 도입에 따

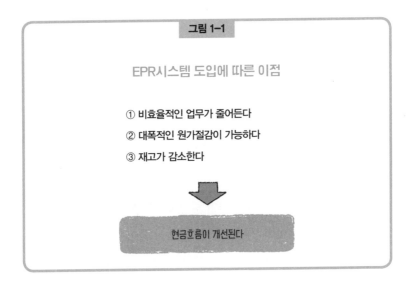

그림 1-1

EPR시스템 도입에 따른 이점

① 비효율적인 업무가 줄어든다
② 대폭적인 원가절감이 가능하다
③ 재고가 감소한다

현금흐름이 개선된다

른 투자로 부채가 증가해 자금 흐름에도 애로가 발생했을 테고 말이야. 그래서 '투자 따위는 하지 말걸' 하고 밤마다 후회를 했겠지."

아즈미는 약이라도 올리듯 유키의 얼굴을 빤히 바라보았다.

"네. 맞아요. 밤이나 낮이나… 또 주거래은행의 도움이 없이는 운영이 어려울 지경이에요."

유키는 웃음 반 울음 반 섞인 표정을 지으며 덧붙였다.

100억 엔의 벽에 부딪히다

아즈미는 나이프와 포크를 접시 위에 올려놓았다.

"결론부터 말하자면 한나의 업적이 제자리걸음을 하는 것은 '100억 엔의 벽'에 부딪쳤기 때문이야. 다시 말해 한나가 더 이상 개인의 역량으로는 통제할 수 없는 규모로 성장했다는 뜻이지."

회사의 규모가 확대되는 과정에는 연간 매출액 30억 엔의 벽, 100억 엔의 벽이라는 '시련'이 기다리고 있다. 회사의 규모가 작을 때는 사장과 몇 명의 간부만으로도 경영이 가능하다. 그러나 매출액이 100억 엔을 초과하면 개인의 힘만으로는 회사를 통제할 수 없게 된다. 이와 관련해 아즈미는 '시스템'에 의해 조직을 운영해야 한다고 강조했다.

"시스템이란 간단히 말해 '성과를 내는 구조'를 뜻해. 유키 양이 컴시스템은 '성과를 내는 구조'를 뜻한다. 중요한 것은 목적에 맞게 시스템을 구축하는 것이다. 회사의 업무를 종합적으로 분석해 그에 맞는 시스템을 구축해야 한다.

퓨터시스템으로 관리력을 강화하고자 한 생각은 올바른 선택이었어. 문제는 그 작업을 경솔히 추진한 데 있지."

"경솔히…라고요?"

유키는 아즈미의 지적을 인정할 수 없었다. 자기 나름대로는 신중에 신중을 기해 내린 결론이었기 때문이다. 이번 시스템화에 따른 효과에 대해 몇 번이나 시뮬레이션을 진행했다. 그 결과 ERP시스템을 도입하면 경리 부서를 비롯해 간접 작업자를 적어도 열 명은 줄일 수 있음을 알게 되었다. 한 명당 연간 인건비를 600만 엔으로 잡으면, 열 명이면 6천만 엔이다. 투자 금액이 1억 엔 정도이므로 투자 자금은 늦어도 2년 내에 회수할 수 있다는 결론이었다.

"유키 양의 실수는 경영을 산수 문제와 똑같은 차원으로 생각한 데 있어."

확실히 아즈미가 말한 그대로였다. 인원이 줄기는커녕 더 늘어나 버렸고 투자액은 이미 예산을 1억 엔이나 초과했다.

"이번 실패는 인재(人災)라고 해도 좋아."

"인재요?"

"그래, 실패를 초래한 범인이 있어."

(범인은 과연 누구일까?)

유키는 범인을 찾기 시작했다. 아무리 생각해도 시스템 개발 담당자 이외에는 떠오르지 않았다. 그렇다면 정보시스템부장인 가라사와와 개발을 책임진 NFI 중 어느 한쪽이 범인일 가능성이 높다. 특히 가라사와의 책임이 더 크다고 할 수 있다. 그는 그동안 시스템 트러블이 발생했을 때마다 "시스템이 정상적으로 가동되기까지 트러블은 으레 있기 마련입니다"라는 변명만 되풀이했을 뿐이다. 가라사와가 문제점에 대해 솔직하게 보고만 해줬더라면 좀더 일찍 조치를 취했을 것이다. 유키는 가라사와가 원망스러웠다.

원망스러운 사람은 그뿐만이 아니다. 경리부의 점검도 제대로 이뤄지지 않았다. 트러블이 발생했을 때 다마루 경리부장이 NFI에서 청구한 대금 지급을 정지시켰더라면… 그 조치로 인해 가라사와와 NFI는 더 신중하게 프로젝트를 추진했을지도 모른다. 그러므로 청구되는 대로 대금을 지급한 경리부장에게도 어느 정도 책임이 있다. 그런데도 그는 '사장이 승인했으므로 지급할 수밖에 없지 않느냐'며 유키에게 책임을 전가했다. 그러나 유키는 청구서 내용을 확인하는 일은 경리부장의 책무라고 생각했다.

"범인은 정보시스템부장인 가라사와와 시스템 개발 담당자인 NFI, 그리고 경리부장이라고 생각해요."

유키가 대답하자 아즈미는 고개를 저으며 말했다.

"아니, 그렇지 않아. 책임은 유키 양에게 있어."

(나에게 책임이 있다고? 도대체 왜?)

유키는 아즈미의 예상치 못한 말에 당황했다.

물론 회사에서 일어나는 모든 일의 최종 책임은 확실히 사장인 자신에게 있음을 유키는 모르지 않았다. 그러나 이 문제는 컴퓨터시스템에 관한 이야기지 않은가? 전혀 생소한 시스템 개발을 성공적으로 추진하고자 고액 연봉을 약속하면서까지 가라사와를 채용했다. 경리부장 역시 경리 책임자이므로 청구 내용에 불명확한 점이 있으면 그 내용을 확인하는 것은 당연하지 않은가?

(그럼에도 나에게 책임이 있을까?)

유키는 이유를 알 수 없었다. 그리고 억울한 생각마저 들었다.

아즈미는 억울한 표정을 짓는 유키를 향해 빙긋 미소를 지은 뒤 이유를 설명하기 시작했다.

"100억 엔의 벽에 부딪친 한나는 '시스템'에 의한 조직운영 체계가 필요해졌지. 그래서 유키 양은 컴퓨터시스템을 도입하려 했고."

유키는 고개를 끄덕였다.

"하지만, 유키 양의 회사는 '시스템 만들기'를 하지 않았어."

(시스템 만들기?)

유키는 아즈미의 설명을 이해할 수 없었다. ERP패키지를 도입하는데 왜 시스템 만들기를 해야 한단 말인가? 유키의 뇌리에는 그날 두 CEO가 나누었던 이야기가 떠올랐다.

신뢰할 수 있는 ERP패키지와 대기업 SI 벤더를 사용해야 컴퓨터시스템을 성공시킬 수 있습니다.

시스템 개발에는 막대한 돈이 들어간다는 것을 유키도 잘 알고 있었기에 정평이 나 있는 ERP패키지를 채택하고, 또 신뢰할 수 있는 SI 회사에 개발을 위탁했다. 그 이유는 오직 한 가지, ERP패키지를 통해 이상적인 회사 운영을 꿈꾸었기 때문이다.

"유키 양은 자신이 경영자라는 사실을 깜빡 잊었군."

아즈미는 한숨을 지었다.

"컴퓨터시스템이 성공할지 어떨지에 대한 열쇠는 ERP패키지도 아니고 SI 회사도 아니야. 중요한 것은 경영자가 경영에 필요한 정보를 명확히 정의할 수 있느냐 없느냐지. 다시 말해 정보 책임자는 사장인 유키 양이라는 거야."

아즈미는 강한 어조로 유키를 꾸짖었다.

"하지만 유키 양을 책망해도 이미 소용없는 일이야. 사실 ERP패키지는 잘 만들어진 일종의 예술품과도 같아. 물론 대기업 SI 회사에서 일하는 컨설턴트나 SE들도 우수하고 말이야. 그러나 이 두 가지가 다 갖추어져도 유키 양의 정신이 깃들지 않으면 컴퓨터시스템은 경영에 전혀 도움이 되지 않아. 가치 없는 쓰레기를 한없이 배출하는 '쓰레기 제조기'에 불과할 뿐이지."

유키는 '그럴지도 몰라'라고 생각했다. 그렇다고 아즈미의 말에 전적으로 동의하는 것은 아니었다. 뭔가 마음에 걸리는 것이 있었다.

같은 듯하지만 다르다

"나는 정보 책임이 유키 양에게 있다고 말했어. 이 말의 의미를 이해하려면 유키 양의 머릿속에 새로운 지식을 보충할 필요가 있어."

아즈미는 망고 주스를 맛있게 마셨다.

"정보 책임이라면 데이터 책임을 말씀하시는 건가요?"

유키가 묻자 아즈미는 고개를 좌우로 흔들었다.

"유키 양은 데이터와 정보, 지식에 대한 개념을 혼동하고 있어. 데이터는 단순한 수치나 문자, 기호를 말해. 이 데이터를 관심이나 목적, 평가기준에 따라 정리한 것이 정보지."

아즈미는 유키의 노트에 무언가를 적었다.

"가타카나(일본에서 사용하는 음절 문자 중 하나 - 옮긴이) 전보가 통신 수단으로 사용되던 시절의 이야기야.

어느 날 아들이 부모에게 다음과 같이 전보를 보냈지.

가네오쿠레타노무

전보를 받은 부모는 아들이 처한 상황을 서로 다르게 판단했어. 어머니는 '급

아즈미의 노트

데이터와 정보, 지식은 각각 다르다. 데이터는 단순한 수치 또는 문자이며, 이 데이터를 목적에 따라 정리한 것이 정보다. 정보를 통합해 자신에게 맞게 정리한 것이 지식이다.

히 돈이 필요하다(가네오쿠레 타노무: 돈을 부탁해)'라고 생각했고, 술꾼인 부친은 '송금을 기다렸지만 좀처럼 보내주지 않아 자포자기해서 술을 마셨다(가네오쿠레다 노무: 송금이 늦어져 술을 마시고 있다)'라고 해석했어. 우스갯소리지만 자신이 어느 쪽에 관심을 두느냐에 따라 데이터는 전혀 다른 정보가 될 수 있다는 본보기지. 데이터와 정보는 요리 재료와 요리의 관계로 비유되기도 해."

아즈미는 뭐가 그리 즐거운지 싱글벙글 웃으며 계속 설명했다.

"같은 요리 재료인 소고기를 사용해도 요리의 목적에 따라 스테이크도, 스키야키(일본식 전골 - 옮긴이)도, 불고기도 될 수 있어."

설명을 듣고 나서야 유키는 겨우 데이터와 정보의 차이를 이해할 수 있었다.

"그럼 정보와 지식은 어떻게 다른가요?"

"정보를 통합해 자신의 경험을 토대로 정리한 것이 '지식'이지. 다시 말해 지식은 경험을 체계화한 것이라고 할 수 있어."

아즈미는 테이블에 놓인 메뉴를 가리키며 말했다.

"요리만 놓고 보면 정보에 지나지 않지만, 요리명을 메뉴로 만들면 지식이 되지. 또는 요리 레시피를 책으로 정리하면 더욱 훌륭한 지식이 되고 말이야."

아즈미는 한나의 경우를 예로 들어 설명을 계속했다.

"먼저 스웨터나 스커트의 판매수량과 금액을 집계한다고 했을 때, 이것은 정보야. 그 다음에 제품을 매출액 순위로 나열하면 '잘 팔리는 제품'과 '잘 팔리지 않는 제품'을 알 수 있어. 이를 바탕으로 제품별 원가를 더하여 손익을 구하면 어느 제품이 흑자고 또 어느 제품이 적자인지도 알 수 있지. 정보를 지식으로 바꾼다는 말은 바로 이런 뜻이야."

유키는 겨우 '지식'의 의미도 이해할 수 있었다.

아즈미의 노트

경영자는 다양한 데이터를 지식으로 바꾼 뒤, 그 지식을 이익으로 바꾸어야 하며, 이를 바탕으로 현금을 창출해야 한다.

"이렇게 해서 얻은 지식을 경영에 활용하는 거야. 이익이 많은 제품의 확장 판매를 추진하는 거지. 매출액도 적고 이익도 내지 못하는 제품은 판매를 중지하되, 매출은 많지만 이익이 적은 제품에 대해서는 판매가격과 사용 재료, 제조 방법을 재검토하면 돼. 유키 양이 해야 할 일은 그 지식을 이익으로 바꾼 뒤, 그 이익을 다시 현금으로 바꾸는 거야."

유키는 아즈미의 이야기를 한마디도 놓치고 싶지 않아서 부지런히 노트에 적기 시작했다.

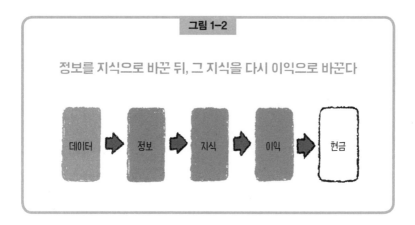

그림 1-2

정보를 지식으로 바꾼 뒤, 그 지식을 다시 이익으로 바꾼다

데이터 ➡ 정보 ➡ 지식 ➡ 이익 ➡ 현금

처음에 데이터가 있고 그 데이터는 정보, 지식, 이익, 현금으로 모습을 바꾼다. 정보의 종류는 수익과 관계있는 정보, 원가와 관계있는 정보, 고객과 관계있는 정보 등 그 수를 헤아릴 수 없을 정도로 많다. 경영자는 필요한 정보와 지식을 자신의 책임 하에 정의해야 한다.

유키는 정보 책임이 자신에게 있음을 그제야 깨달았다.

"이제 알겠지? 이번 실패는 유키 양이 '어떤 정보를 원하는지'를 분명히 지시하지 않았기 때문이야. 게다가 정보시스템부장도, SI 회사의 컨설턴트도, SE도 ERP패키지에 내장된 정보만으로 충분하다고 굳게 믿고 있었지. 만약 유키 양이 필요로 하는 정보를 처음부터 명확히 지시했다면 그들은 유키 양의 요구에 부응했을 거야."

유키는 머리를 세게 한 대 얻어맞은 듯한 기분이 들었다.

지금부터 온 힘을 다해 착수해야 할 일은 '판에 박힌 진부한 정보'가 아닌 '지식으로 활용할 수 있는 정보'를 생성하는 시스템을 만드는 것이다. 그러나 유키는 자신이 없었다.

"선생님, 염치없는 부탁인 줄 알지만 다시 한번 저를 도와주실 수는 없나요? 이대로 계속되면 회사가 정말 큰일 날지도 몰라요."

유키는 간절히 애원했다.

아즈미는 왼쪽 가슴 호주머니에서 작은 수첩을 꺼내 넘겼다.

"6개월 후까지 스케줄이 꽉 차 있네. 유키 양과 만날 수 있는 날은 기껏해야 토요일과 일요일뿐이야."

"저는 언제든 상관없어요."

유키는 무심코 두 손바닥을 가슴 앞에 마주 붙이며 말했다.

"좋아, 맡도록 하지. 단, 조건이 있어. 첫째, 강의는 내가 지시하는 도시에서 받을 것. 둘째, 그 나라의 대표적인 음식과 와인을 준비할 것. 그리고 마지막은 보수인데…."

유키는 눈을 반짝였다. 얼마라도 지불할 수 있다는 눈빛이었다.

아즈미가 싱글벙글 웃으며 말했다.

"반년 후에 말할게. 그때쯤이면 한나의 실적도 회복될 테고 은행예금도 늘어나 있을 테니 말이야."

아즈미는 큰 소리로 웃었다.

"알겠어요."

유키의 얼굴에도 아침 햇살처럼 미소가 퍼져나갔다.

"자, 이제 그만 일어날까. 저녁 무렵에 다시 만나도록 하지. 첫 번째 강의 장소는 내 단골 레스토랑이야. 비행기 출발 시각이 밤 11시니까 저녁 식사를 하고 출발해도 늦지는 않을 거야."

정보 리터러시와 정보 책임

리터러시Literacy란 어떤 분야에 관한 지식, 교양, 능력을 뜻한다. 일반적으로 말하는 정보 리터러시란 정보기술(컴퓨터나 네트워크)을 활용해 정보나 데이터를 처리하는 지식, 능력을 뜻한다.

피터 드러커Peter Drucker는 정보 리터러시를 '정보를 이용해 사물을 처리하는 능력'이라고 정의한 바 있다.* 이 책의 주제 중 하나도 경영자의 정보 리터러시다.

컴퓨터는 데이터를 처리해 정보를 수집하는 도구에 지나지 않는다. 도구를 사용해 정보를 수집하는 일은 정보시스템 부서의 업무다. 도구로서의 컴퓨터 사용법을 정하고 거기서 얻은 정보를 경영에 활용하는 일은 경영자의 업무다. 따라서 경영자에게는 '어떤 정보가 필요한가? 또 어떤 형태로 필요한가?'를 생각해야 할 책임이 있다. 이를 '정보 책임'이라고 한다.

경영자가 필요로 하는 정보가 명확해지면 정보시스템 부서는 "이러한 정보를, 이러한 형태로 수집할 수 있다"라고 대답할 수 있다. 한나처럼 시스템화를 추진하는 과정에서 트러블이 발생하는 근본적인 원인은 경영자가 정보 책임을 완수하지 못한 데 있다고 해도 과언이 아니다.

* 《넥스트 소사이어티Next Society》, 피터 드러커, 한국경제신문

제2장

경영자는
새, 곤충, 물고기가
되어야 한다

어떤 일이 일어나는지 알 수 없다

　두 사람을 태운 택시는 억수같이 퍼붓는 장대비 속을 달리다가 사거리에서 멈췄다. 뿌연 빗속에서 빨간 신호등은 좀처럼 바뀔 기미가 보이지 않았다. 유키는 그 긴 신호가 의아했지만 택시 기사는 느긋한 얼굴이었다. 5분을 훌쩍 지나 10분이 다 되어가자 유키가 참다못해 입을 열었다.

　"신호등이 고장 난 건 아닐까요? 아니면 사고가 났거나."

　"그럴 수도 있겠지만 조바심 내지는 말게. 이 나라에서는 자주 있는 일이니까."

　아즈미도 택시 기사처럼 태평스런 표정이었다.

　그 뒤로 10분이 더 지나고 나서야 택시가 움직이기 시작했다. 결국 20분이나 정차한 셈이다.

　택시는 방콕 중심부를 가로지르는 수리웡세 거리를 오른쪽으로 돌아 좁은 길로 들어선 뒤 다시 우회전한 다음 멈췄다.

레스토랑은 청결했고 실내 장식 또한 센스 있게 잘 꾸며진 곳이었다. 한때 의상 디자이너였던 유키는 대번에 마음에 들었다. 검은색 정장을 맵시 있게 차려입은 웨이터가 두 사람을 정중히 맞으며 테이블로 안내했다. 아즈미는 자리에 앉자마자 레드와인을 주문했다.

"샤토 피작(프랑스산 레드와인 – 옮긴이)을 부탁하네."

그리고 나서 요리 메뉴를 지그시 바라보더니 유키에게 말했다.

"태국 요리에는 생떼밀리옹(프랑스산 레드와인 – 옮긴이)도 잘 어울리지. 요리는 내가 선택할게."

아즈미는 마음에 드는 요리를 태국어로 주문했다. 곧 웨이터가 와인을 들고 왔다. 그는 반짝반짝하게 잘 닦인 와인 잔에 벨벳 빛깔의 액체를 따랐다. 그러자 아즈미는 색깔과 향기, 맛을 음미한 뒤 기쁜 듯이 입 안으로 흘려 넣었다.

"자, 이제 본론으로 들어가볼까? 유키 양은 어떤 마음으로 경영을 하고 있지?"

이런 질문을 받을 때 막힘없이 대답할 수 있는 경영자가 과연 몇이나 될까? 유키는 약간 머뭇거리다가 현재의 답답한 심정을 토로했다.

"사장이 되고 나서 저와 현장과의 거리가 차츰차츰 멀어져가는 기분이 들어요."

"현장과의 거리라… 더 구체적으로 설명해줄 수는 없을까?"

아즈미는 손에 든 와인 잔을 내려놓았다.

"현장에서 어떤 일이 일어나는지 전혀 알 수가 없으니 여간 걱정되는 게 아니에요."

유키는 갈증이 일어 생수를 한 모금 마셨다.

"디자이너로서 일할 때는 하루하루가 전쟁의 연속이었어요. 트러블이 안 생기는 날이 없을 정도였으니까요. 하지만 그때가 더 좋았던 거 같아요. 사장이 되고 나서는 트러블이 전부 사라졌어요. 도대체 그 많던 문제들이 다 어디로 사라졌을까요? 그 누구도 가르쳐주는 사람이 없어요."

유키는 씁쓸한 표정으로 아즈미를 바라보다가 창밖의 어둠을 잠깐 응시했다.

"유키 양에게는 언제나 듣기 좋은 보고와 정보밖에 모이지 않게 되었다는 이야기로군."

"네, 맞아요. 저는 선생님이 가르쳐주신 대로 시간이 날 때마다 현장을 둘러보았어요. 그런 까닭에 실적이 좋은지 나쁜지에 대한 실제적인 파악이 가능했어요. 트러블에 관한 보고는 일체 받은 적이 없었는데 경리부에서 올라오는 월별결산서 내역을 보면 제가 생각한 숫자와 많이 달랐어요."

"그럼 월별결산서는 눈속임 그림이었던 거군."

유키는 고개를 끄덕였다.

(나도 모르게 속고 있었는지도 몰라.)

"저는 경리부에서 납득할 수 있는 결산서를 만들게끔 하고 싶어요. 그리고 그들이 여러 각도에서 회사를 바라볼 수 있게 하고 싶고, 또 하루하루 어떤 문제가 발생하는지도 알고 싶어요. 이상 사태가 발생하면 곧바로 대응하고 싶은데 지금의 저로서는 아무것도 할 수

그림 2-1

경영자가 가져야 할 세 가지 눈

새의 눈	곤충의 눈	물고기의 눈
높게, 널리, 대략적으로 파악하는 눈	작고 세심한 것을 관찰하는 눈	앞으로 흐름이 어떻게 변할지 또는 어떻게 흘러갈 지를 읽는 눈
전체적이고 객관적으로 회사를 파악한다	회사에서 일어나는 모든 일을 꼼꼼하게 살핀다	변화나 이상한 점에 집중해 향후 나아갈 방향을 결정한다

사고와 결단

경영자는 새의 눈, 곤충의 눈, 물고기의 눈을 갖고 있어야 한다

없어요."

아즈미는 와인을 마시면서 유키의 이야기에 귀를 기울였다. 유키의 이야기가 끝나자 아즈미는 유키의 노트를 자신의 앞으로 가져와 그림을 그렸다.

"한마디로 요약하자면 이런 거군."

아즈미가 그린 것은 물고기와 곤충, 새였다.

"유키 양은 어떤 때는 새가 되고, 또 어떤 때는 곤충이 되고, 또 어떤 때는 물고기가 되고 싶은 거겠지."

(새와 곤충, 물고기? 이게 대체 뭐람?)

유키는 아즈미의 그림을 보고는 있었지만 그의 말은 이해할 수 없었다.

"이 세 가지 동물은 각각의 특징이 있지. 물론 단점도 있지만…. 먼저 새는 하늘 높이 날아올라 넓은 시야로 지상을 내려다보고, 곤충은 땅 위를 기어다니며 자세히 관찰하지. 물고기는 물이 어디로 흘러가는지를 읽고 갑작스런 변화나 이상한 점을 놓치지 않아."

유키는 아즈미가 무슨 말을 하려고 하는지 짐작이 가지 않았다. 회사 경영의 어려움을 토로하는 사람에게 동물의 눈에 대해 이야기하다니. 하지만 아즈미는 아랑곳하지 않고 계속 설명했다.

"새는 숲속에서 길을 잃는 법이 없어. 숲 전체를 바라볼 수 있기 때문이지. 유키 양도 마찬가지야. 회사의 규모가 아무리 커질지라도 또 아무리 복잡한 활동을 할지라도 경영자는 전체를 파악할 수 있어야 해."

(그래! 전체가 중요해.)

"반면 곤충의 눈은 전체를 보지는 못하지만 현장에 밀착해서 보다 자세히 관찰할 수 있지."

(곤충이라… 만약 내가 개미라면 세상이 어떻게 보일까?)

아즈미의 노트

새는 숲속에서 길을 잃지 않는다. 높은 곳에서 숲 전체를 바라볼 수 있기 때문이다. 우리는 새의 눈으로 세상을 바라보고 자신이 어디에 있는지를 알아야 한다.

유키는 잠시 상상의 나래를 폈다. 잔디는 거대한 밀림으로, 모래는 거대한 바위로, 웅덩이는 큰 호수로 변할 것이다. 아즈미의 설명을 들으면서 유키는 서서히 깨달았다.

(곤충의 눈을 갖지 않으면 회사에서 벌어지는 일들을 자세히 관찰할 수 없어.)

마지막으로 아즈미는 물고기 그림을 가리켰다.

"물고기의 눈은 전체를 보는 것도, 자세히 보는 것도 아니야. 그러나 그 이상으로 중요해. 회사의 현재 상태를 실시간으로 파악해 흐름을 정확하게 읽는 데 필요하지. 즉 갑작스런 변화나 이상한 점을 놓치지 않는 시점을 말해."

유키는 태평양의 참다랑어가 떠올랐다. 참다랑어는 해류에 역행하지 않고 앞으로 나아간다. 위기가 눈앞에 닥치면 그 위기를 슬기롭게 극복하면서 일생을 쉬지 않고 계속 헤엄친다. 경영도 이와 마찬가지다. 기업은 멈추는 일 없이 앞으로 계속 나아가야 한다. 경영자는 그 과정에서 현재 상황을 파악하고 앞날을 예측해야 한다.

아즈미의 그림을 이해한 유키는 고개를 끄덕였다. 그러나 자신은 현재 세 동물의 눈을 전부 가지고 있지 않다. 문득 유키는 자신이 정보의 의미를 이해하지 못하고 있었다는 사실을 깨달았다.

"선생님, 정보에는 회계정보 말고 다른 정보도 있나요?"

"정보는 끝이 없지. 유키 양이 본 것, 공장이나 영업소의 풍경, 회사 안과 밖의 사람들과의 대화, 책, 텔레비전, 라디오, 인터넷…. 그러나 경영자에게 무엇보다 중요한 정보는 회계정보야. 컴퓨터가 없었던 14세기의 베니스 상인도, 거대 기업의 경영자들도 회계정보를 바탕으로 의사결정을 했어."

"하지만…."

유키는 여전히 이해할 수 없었다.

"가라사와 부장은 ERP시스템이야말로 가장 효과적인 정보시스템이라고 하면서 그걸 도입하면 신속한 경영 판단을 내릴 수 있다고 했어요."

유키의 말이 끝나기도 전에 아즈미는 너털웃음을 터트렸다.

"나는 얼마 전에 큰맘 먹고 헬스기구를 샀다네. 적지 않은 돈이었기에 꼭 운동을 해서 살을 빼리라 결심했지. 그런데 거기에 딱 두 번 올라가고 끝났다네. 전에도 배에 감고 전류를 흘려보내기만 하면 1주일에 체중이 2킬로그램이나 빠진다는 벨트를 샀지만, 오히려 1킬로그램이 늘었지 뭐야."

아즈미는 배를 툭툭 내리치며 큰 소리로 웃었다.

ERP시스템은 만능해결사인가

"ERP에 대해 간단히 설명할게."

아즈미는 레드와인을 한 모금 맛있게 꿀꺽 삼켰다.

"수주, 구매, 생산, 판매, 인사, 급여, 경리 등 회사의 비즈니스 프로세스를 구성하는 업무가 기간업무야. 간단히 말해 이 기간업무들을 지원하는 시스템이 ERP시스템이지."

"그건 저도 알아요. 여러 차례 들었으니까요. 그런데 그 전에… 대체 시스템이란 게 뭐예요?"

유키는 다소 부끄러움을 느끼며 아즈미에게 물었다. 지금까지 유키는 '시스템'이라는 용어를 아무런 의아심 없이 사용해왔다. 컴퓨터 시스템, ERP시스템, 회계시스템, 재고시스템이라고 말했을 때 그것은 그저 하나의 체계이거나 컴퓨터 프로그램의 일종이라고 생각했다. 그러나 시스템은 더 넓은 개념이 아닐까 하는 궁금증이 들었다.

아즈미는 노트에 또 다른 그림을 그렸다. 사람의 몸이었다.

"시스템은 인체와 같아. 사람의 몸은 뇌, 폐, 심장, 간, 근육, 혈액 등 서로 연관성이 있는 요소(부분)들로 구성되어 있지. 그리고 한 사람의 인간(전체)은 이 부분들을 합한 것이지만 그 이상의 존재임이 틀림없고 말이야."

(맞는 말이긴 하지만 그 정도는 나도 알지.)

아즈미는 계속 설명했다.

"회사 역시 하나의 시스템이라고 할 수 있어. 한나에서는 직원들이 디자인, 제조, 판매, 경리 등의 일을 하고 있고 또 그 일들이 하나로 모여 전체를 구성하지. 회사는 사람, 물건, 돈의 집합체가 아닌, 마치 하나의 생명을 잉태하듯 구성요소 이상의 가치를 창출하는 곳이야.

그러므로 경영자의 역량에 따라 100년 이상도 계속 살 수 있어."

유키는 노트에 그 말을 받아 적었다.

"시스템을 생각할 경우, 그 구조와 시스템이 가져다주는 성과에 주목해야 해. 회계시스템을 사용하면 부기를 몰라도 결산서를 만들 수 있어. 시스템이 있으면 실무 경험이 부족한 사람이라도 평균점 이상의 성과를 낼 수 있다는 말이야."

유키는 노트에 아즈미의 말을 계속 받아 적으면서 중요한 단어에는 동그라미를 쳤다.

"이런 일은 회사가 매일 행하는 기간업무야. 업무 성과를 가져다주는 구조가 시스템인 셈이지. '시스템화'란 그와 같은 구조를 만드는 작업이야."

유키는 가라사와가 자주 시스템화 또는 시스템화 계획이라는 말을 했던 기억이 떠올랐다.

"기간업무시스템은 생산관리시스템, 구매시스템, 판매시스템, 회계시스템 등 업무의 종류만큼 다양해. 이것들(부분)을 통합한 개념이 ERP시스템이야. 그리고 이 ERP시스템을 컴퓨터를 사용해 구축하기 위해 개발된 통합형 업무 패키지가 바로 ERP패키지고."

"제가 CEO클럽에서 만난 CEO들은 왜 한결같이 ERP시스템에 관심을 뒀던 걸까요?"

유키는 ERP의 참된 의미도 모른 채 도입을 단행한 자신이 정말 한심스러웠다.

"그건 낭비를 줄이고 싶었기 때문이야. 경영자원(사람, 물건, 돈, 데이터)을 통합적으로 관리하면 낭비를 줄일 수 있어. 이 경영 개념이 ERP^{Enterprise Resource Planning}(전사적 자원관리)야."

"ERP가 개념인가요?"

유키는 되물었다.

"맞아. 사람과 물건, 돈과 데이터를 통합적으로 관리해 최대의 성과를 이끌어내고자 하는 개념이지."

유키는 또 머리가 혼란스러워졌다. 가라사와도 NFI도 ERP시스템과 ERP패키지는 같은 것으로, ERP패키지를 도입하면 사람과 물건, 돈을 통합적으로 관리할 수 있어 낭비를 줄일 수 있다고 했다.

"ERP패키지를 도입해도 통합할 수 있는 건 데이터뿐이겠군요?"

"맞아. 통합할 수 있는 건 데이터뿐이야. 개념으로서의 ERP를 실현하려면 사

아즈미의 노트

ERP시스템이 성과를 내기 위해서는 회사의 업무를 통합할 수 있도록 업무 방식을 근본적으로 바꾸어야 한다.

회계학 콘서트 ❷ 관리회계

람도 물건도 돈도 통합해야 해. 다시 말해 ERP패키지를 도입하기 전에 이것들을 통합할 수 있도록 업무 방식을 근본적으로 바꿔야 한다는 거지. 이 개념을 잘못 이해하면 내가 헬스기구를 산 것과 마찬가지의 결과가 나타나. ERP패키지에 실망할 수밖에 없어."

(업무 방식을 근본적으로 바꾼다? 어떻게?)

유키는 가라사와와 주고받았던 이야기를 떠올렸다. 가라사와는 데이터를 어떻게 통합할지에 관한 이야기만 했을 뿐, 업무 방식을 근본적으로 바꾸어야 한다고는 하지 않았다. 영업부나 제조부 역시 종래의 업무 방식을 그대로 유지하고 싶어 했다. 하지만 변화가 없으면 극적인 효과는 기대할 수 없다. 생각해보면 그건 너무나도 당연한 이치였다. 유키는 허탈감에 빠졌다.

유키의 마음속엔 또 하나 석연치 않은 점이 있었다. 결산서(회계정보)를 읽다가 이상하다고 생각되는 숫자를 발견했을 때 회계데이터인 전표(분개)까지 거슬러 올라가야 한다. 그러나 전표를 봐도 정확한 원인을 알 수가 없다. 원인이 현장에 있기 때문이다.

"선생님, 정말 궁금한 게 많아요. 어떻게 하면 회계정보를 바탕으로 현장의 업무 활동까지 거슬러 올라갈 수 있을까요?"

"종래의 회계시스템이 갖고 있던 결함은 ERP패키지를 도입함으로써 해결할 수 있어."

아즈미는 또다시 그림을 그렸다.

"ERP패키지가 혁신적인 것은 업무데이터를 자동으로 회계데이터로 전환한다는 점에 있어. 나아가 실시간으로 말이야. 다시 말해 바

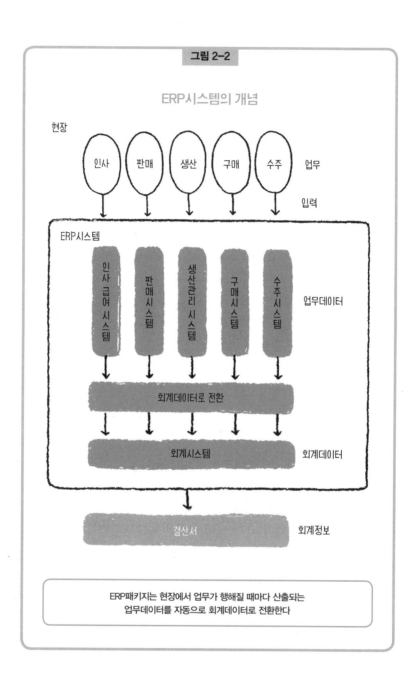

그림 2-2

ERP시스템의 개념

현장

인사　판매　생산　구매　수주　업무

입력

ERP시스템

인사급여시스템　판매시스템　생산관리시스템　구매시스템　수주시스템　업무데이터

회계데이터로 전환

회계시스템　회계데이터

결산서　회계정보

ERP패키지는 현장에서 업무가 행해질 때마다 산출되는
업무데이터를 자동으로 회계데이터로 전환한다

로 이런 거야. ERP패키지를 도입하지 않은 회사는 제품을 판매하면 ①영업부는 청구서를 작성하고 ②창고 담당자는 재고 반출 처리와 동시에 납품서를 쓰고 ③경리부는 분개를 하여 회계시스템에 입력하는 게 일반적이지. 하지만 ERP시스템을 도입하면, 수주데이터를 거래처에서 전자데이터로 받기만 하면 되지. 그 이후부터는 전혀 입력하지 않아도 청구서는 물론 제품 수불부도, 납품서도, 분개도, 결산서도 자동으로 작성돼. 게다가 입력 실수 따위는 일어나지 않아."

"굉장해요!"

유키는 무심코 소리를 질렀다.

ERP패키지,
종류만 많고 맛없는 바이킹요리?

유키는 가라사와 정보시스템부장이 이렇게 편리한 것을 염두에 두고 있었을 줄은 꿈에도 생각하지 못했다. 그러나 아즈미는 일침을 가하는 것을 잊지 않았다.

"하지만, 현실은 그렇게 호락호락하지 않아. 전자데이터로 발주하는 회사는 아직 적다는 뜻이야. 주로 팩스나 전화가 일반적이라고 할 수 있어. 따라서 수주데이터는 수작업으로 컴퓨터에 입력해야만 해.

더욱이 고객 코드나 제품 코드가 부서별로 제각각이면 컴퓨터는 올바른 결과를 계산할 수 없을뿐더러 결국 멈춰버리게 되지. 게다가 올바른 데이터가 입력된다는 보장 또한 없어. 또 예상치 못한 거래가 발생하면 컴퓨터는 회계데이터를 생성할 수 없고 말이야."

유키가 명심해야 할 설명을 끝마친 아즈미는 한마디 더 덧붙였다.

"이 모든 것이 순조롭게 잘 처리됐다고 해도 유키 양이 필요로 하는 회계정보가 입수되는 것과는 별개의 문제야."

"별개의 문제라고요? 아니 어째서…."

"ERP패키지를 통해 얻은 정보를 지식으로 활용할 수 있다는 보장이 없다는 뜻이지."

유키는 또다시 머리가 혼란스러워졌다.

"ERP패키지에는 실로 많은 회계정보가 들어 있지만, 과연 유키 양에게 꼭 필요한 회계정보가 그 안에 들어 있느냐는 별개의 문제야. 마치 종류만 많고 전혀 맛없는 바이킹요리(10~20종의 음식을 큰 접시에 차려 놓고 각자 먹고 싶은 대로 자기 접시에 덜어 먹는 형식의 식사 – 옮긴이)처럼 말이지."

"바이킹요리요?"

"바이킹요리에서는 주어진 것만 먹을 수 있지, 만약 유키 양이 다른 특별한 것을 먹고 싶다면 따로 주문을 해야 해. 즉 필요한 정보는 다른 방법으로 확보해야 해."

유키는 갈수록 혼란스러워졌다.

"그럼, 어떻게 하면 좋을까요?"

"부족한 부분은 애드온소프트(특정 소프트의 기능을 확장하기 위한 유틸리티 – 옮긴이)로 보충하면 돼."

그때, 유키는 NFI에서 보낸 고액의 청구서가 떠올랐다.

"애드온소프트를 구입하면 필요한 회계정보를 입수할 수 있다는 건가요?"

유키는 꼭 그 소프트를 사야겠다는 진지한 얼굴로 물었다.

"돈을 준다고 해서 입수할 수 있는 건 아니야."

'돈을 주고도 살 수 없는 물건이 있다니!'

"그럼 어떻게 하면 되나요?"

다급해진 유키가 물었다.

"그것이야말로 유키 양이 해결해야 할 과제지."

아즈미는 어깨를 한 번 으쓱한 뒤 사츠마아게(어묵, 다져서 으깬 어육을 양념하여 기름으로 튀긴 음식 – 옮긴이)를 입 안 가득히 넣고 맛있게 먹었다.

이윽고 요리가 나왔다. 테이블에는 솜땀(라오스와 태국에서 즐겨 먹는 그린파파야 샐러드 – 옮긴이), 톳만꿍(새우튀김), 까이양(바비큐 치킨)이 잇달아 자리를 잡았다. 아즈미는 기쁜 표정으로 잠시 요리를 감상하더니 재빨리 덜어 자신의 접시에 먹을 만큼 담았다.

"태국 요리를 먹으면 왠지 모르게 즐거워진단 말이야."

지금까지의 엄숙했던 표정은 어느새 사라져버렸다. 아즈미는 싱글벙글 웃으며 닭고기를 입에 쏙 넣었다. 유키는 사츠마아게를 한 점 들어 입으로 가져갔다. 언젠가 가고시마에서 먹었던 갓 튀긴 어묵과 별반 다르지 않은 맛이었다. 그런 다음 아즈미가 권한 솜땀을 먹었다. 단맛과 매운맛, 신맛이 미묘하게 조화를 이룬 샐러드였다. 처음 먹어보는 맛이었다.

배가 적당히 부르자 아즈미의 설명이 다시 이어졌다.

"참, 그런데 유키 양은 여성복과 캐주얼웨어, 아동복 이렇게 세 개의 브랜드가 과연 이익과 현금흐름을 창출하고 있는지를 알고 싶다고 했지?"

유키의 눈빛이 반짝 빛났다.

"저는 브랜드별로 정확한 채산성을 파악하는 일이 경영의 출발점이라고 생각해요. 하지만 경리부가 작성하는 회계정보는 신뢰할 수가 없어요."

유키는 힘없는 목소리로 대답했다.

"유키 양, 일본에 돌아가면 유키 양 방식대로 세 개 브랜드의 채산성을 계산해봐. 그러면 앞으로 어떻게 해야 할지 알 수 있을 거야."

어느새 두 사람 앞에는 빈 와인 병만 남았다.

"다음에는 어디로 찾아뵐까요?"

"음, 한 달 뒤 파리에서 만날까."

아즈미는 망고 푸딩을 후다닥 먹어 치우더니 대기하고 있던 리무진에 황급히 올라탔다.

시스템이란?

시스템은 '어떤 목적을 달성하고자 서로 연관된 요소들을 한 개의 집합체로 구성하는 것'이라고 할 수 있다. 따라서 인간의 몸도, 축구팀도, 회사 조직도, 기계장치도 모두 시스템의 일종이다.

예를 들어 축구팀은 골키퍼, 수비수, 미드필더, 공격수 이렇게 네 개의 포지션을 담당하는 선수가 승리를 목적으로 서로 연관되어 경기에 임한다. 회사 조직은 이익을 달성하고자 기획개발부, 생산부, 영업부, 경리부, 관리부 등 여러 부문이 서로 관련되어 활동한다.

시스템은 처리하고자 하는 대상을 입력하여 처리하고, 그 성과(결과)를 출력하는 것이다. 다시 말해 더 심플하게 지속적으로 성과를 이끌어내는 '구조'라고 할 수 있다. 각자가 따로따로 행하는 업무를 관련지어 효율적이면서도 성과가 나오는 구조로 만드는 것을 '시스템화'라고 한다.

실무 경험이 부족한 사람이라도 시스템을 사용하면 좋은 결과를 낼 수 있다. 회사라는 시스템은 현금을 사람과 물건으로 바꿔 비즈니스 프로세스를 통해 가치를 창조하고 또다시 더 큰 현금으로 회수하는 활동을 하는 존재다. 새로이 만들어낸 가치의 크기가 바로 '이익'이다.

ERP와 ERP시스템 그리고 ERP패키지

ERP란 '기업의 이익을 최대화하고자 조달/생산/판매/물류/회계/인사 등 기업의 기간 업무를 횡단적으로 파악하여 전사적으로 경영자원의 활용을 최적화하는 계획, 관리를 위한 경영 개념'을 말한다. 간단히 말해 경영자원(사람, 물건, 돈, 데이터)을 통합적으로 관리하여 경영의 효율성을 도모하기 위한 기법이자 개념이다. 즉 ERP도 '시스템'의 일종인 것이다.

ERP의 개념을 기업 경영에 도입하기 위한 정보 기반을 ERP시스템이라고 한다. 구체적으로는 기업의 기간업무를 위한 정보시스템을 말한다. ERP시스템을 처음부터 만들려면 고도의 전문지식과 엄청난 노력, 많은 자금이 필요하다. 그래서 이미 만들어진 패키지 제품을 사용하는 경우가 많다. 이것이 ERP패키지다.

회사가 ERP시스템을 구축할 때 ERP패키지를 사용하는 이유는 다음과 같다.

① 프로그램 개발 기간의 단축
② 원가절감(자체 개발보다 비용이 덜 들 것)
③ 선진 기업의 업무 노하우(베스트 프랙티스Best Practice, 가장 효과적이고 효율적인 실천 방법 또는 최우량 사례-옮긴이) 도입이 가능한 점

다시 말해 ERP는 개념, ERP시스템은 정보 기반, ERP패키지는 ERP의 개념을 실현하는 도구인 셈이다. 한때 ERP와 ERP패키지가 같은 개념처럼 사용된 적이 있다. 이는 ERP가 개념이 아닌 패키지라는 '물건'에서 시작되었기 때문이다.

ERP패키지의 장점

이 장에서 설명했듯이 ERP패키지의 장점은 현장에서 이루어지는 업무를 데이터화해서 그것을 회계데이터(분개)로 바꾸는 데이터베이스에 입력한 뒤, 회계시스템을 사용해 업무의 실태를 파악하는 것에 있다.

종래의 회계시스템은 회계 분개에서 출발한다. 이 회계 분개는 업무데이터(예를 들어 청구서 금액)를 요약하여 수작업을 통해 바꾼 것이다. 회계 분개를 시작으로 하기 때문에 결산서에서 회계 분개까지 거슬러 올라갈 수는 있어도 업무데이터까지 거슬러 올라갈 수는 없다. 더욱이 각 업무가 분산되어 작성되므로 회계 분개에서 업무데이터로 거슬러 올라가기란 결코 쉽지 않다.

ERP패키지의 장점은 서로 연동된 업무시스템에서 생성되는 업무데이터를 자동으로 회

계데이터로 전환하여 데이터베이스에 저장해두었다가 필요할 때 꺼내 결산서나 관리회계정보를 생성하는 것이다. 따라서 회계정보에서 회계데이터, 업무데이터 이렇게 단계적으로 소급해 거슬러 올라갈 수 있다.

ERP패키지의 맹점

이처럼 ERP패키지는 업무가 이루어질 때마다 회계 분개를 생성하고 또 회계 수치를 바탕으로 회사 활동을 표현하는 회계시스템이라고도 할 수 있다. 그러나 관점을 바꾸면, 회계 분개로서 표현하지 못하는 업무 활동, 즉 물건의 움직임이나 시간관리에 대해서는 부족할 수밖에 없다.

예를 들어 재고관리, 공정관리, 기계 가동시간 관리, 직원관리 등이 바로 그렇다. ERP패키지로 커버할 수 없는 부분은 가령 공정관리용 애드온소프트를 사용하거나 별도의 프로그램을 추가로 만들면 되지만 전체의 정합성을 유지하기란 꽤 어렵다.

실시간 경영

실제 업무의 흐름과 업무데이터의 흐름, 업무데이터와 회계데이터의 흐름을 일치시켜 회사의 진정한 모습을 회계정보로 바꿔 실시간으로 표현하는 것을 실시간경영RTM/Real-Time Management이라고 한다.

ERP시스템을 도입하면 RTM이 가능해진다는 보장은 없지만, ERP시스템에 데이터를 입력하면 그 데이터는 실시간으로 처리되어 최종적으로 회계시스템에 반영된다. 그러나 실제 업무가 이루어졌다 해도 그 업무데이터를 시스템에 입력하는 시기가 적절하지 않으면 ERP시스템에 나타나는 것은 과거의 모습일 뿐이다.

이런 이유로 RTM을 실현하려면 컴퓨터시스템은 물론 각각의 업무가 이루어질 때마다 실시간으로 데이터를 ERP시스템에 입력하는 것이 필수조건이다. 다시 말해 실적을 실시간으로 수집하는 장치를 만드는 것이 중요하다고 할 수 있다.

제3장

파리의 거리는
왜
아름다울까?

경리부에서 작성한 숫자는
절대적이다?

이튿날 아침, 유키는 나리타 공항에 도착하자마자 곧바로 회사로 직행했다. 회의실 문을 여니 아침 10시였고 세 사람의 중역이 기다리고 있었다. 간단한 인사를 나눈 뒤 유키는 본론으로 들어갔다.

"제가 지금 가장 알고 싶은 것은 여성복과 아동복, 캐주얼웨어 이렇게 세 개의 브랜드가 정말로 이익을 내고 있는지… 그것이 궁금해요."

"그걸 확인하려고 굳이 태국까지 가셨단 말입니까? 제가 작성하는 월별결산서를 보시면 금방 알 수 있었을 텐데요."

경리부장은 약간 어이가 없으면서도 불쾌하다는 표정을 지으며 말했다. 그가 말한 브랜드별 손익계산서(표 3-1)는 브랜드별로 매출액과 매출총이익을 하나의 표로 정리한 것으로, 매월 간부들에게 배부되었다. 그럼에도 유키는 '세 개의 브랜드에 대한 이익을 알고 싶다'고 말하는 것이 아닌가?

경리부장은 그런 유키를 보고 '과연 사장은 회계가 뭔지 알고나 있는 걸까?'라는 의심이 들었다.

"경리부에서 이 자료를 만드느라 매일 밤늦게까지 야근을 한다는 사실은 잘 알아요. 그러나 저는 브랜드별 손익계산서를 볼 때마다 위화감을 느껴요."

유키는 솔직하게 털어놓았다.

"그 이유는…."

이렇게 운을 뗀 뒤 유키는 그동안 마음속에 담아두었던 생각을 이야기하기 시작했다. 브랜드별 손익계산서에서는 아동복의 이익률이 38퍼센트로 나타났다. 그러나 유키는 그토록 낭비가 심한 작업 방식으로는 그런 이익이 나올 수 없다고 늘 생각했다. 그에 비해 캐주얼웨어의 이익률은 무려 50퍼센트였다. 달리 보면 베트남에 있는 자회사는 저가의 캐주얼웨어를 대량으로 생산해 대형양판점에 판매하는 이른바 '규모의 이익'을 추구하는 목적으로 설립된 회사여서 50퍼센트의 이익을 낼 수도 있었다.

(하지만 그렇다고 해도 이익률 50퍼센트는 너무 높아.)

유키는 늘 무언가가 의심스러웠지만 정확히 집어낼 수 없었다. 또한 2개월에 한 번씩 공장을 시찰할 때마다 가동이 멈춰 있는 라인과 하는 일 없이 빈둥거리는 직원들이 꽤 눈에 띄었다. 즉, 가동률이 낮았던 것이다.

두 브랜드에 비해 여성복의 이익률은 29퍼센트로 가장 낮았다. 매출총이익은 14.5억 엔으로 가장 높았지만, 매출 규모가 1/2 이하인

표 3-1

한나의 브랜드별 손익계산서

단위: 억 엔

구분	여성복	아동복	캐주얼웨어	합계
매출액	50	30	20	100
표준 매출원가	35	17	10	62
매출총이익	15	13	10	38
원가차이	−0.5	−1.5	−	−2
실제 매출총이익	14.5	11.5	10	36
이익률	29%	38%	50%	36%
판매비와 일반관리비	−	−	−	33
영업이익	−	−	−	3
지급이자	−	−	−	2
경상이익	−	−	−	1

세 개의 브랜드별 손익을 비교해보면 캐주얼웨어의 이익률이
50퍼센트로 돈을 가장 많이 벌고 있는 것처럼 보이지만…

캐주얼웨어의 매출총이익 10억 엔과 별다른 차이가 없었다. 유키는 이 수치도 납득할 수 없었다.

한나의 뼈대를 지탱해온 여성복 브랜드는 세 개의 브랜드 중에서 가장 많은 충성 고객을 확보해 꽤 안정적으로 팔리고 있었다. 때문에 유키는 매출총이익이 이 정도일 리가 없다고 생각했다. 유키는 자신이 생각했던 것과 경리부가 작성하는 브랜드별 손익계산서의 숫자가 너무 다르다는 점에 불쾌감마저 들 정도였다.

"그건 사장님의 잘못된 직감 때문에 그런 것 아닐까요?"

경리부장은 얼굴을 더 찡그리며 반론을 제기했다.

'브랜드별 손익계산서는 관리회계 이론에 따라 작성하고 있으며 매출원가는 표준원가*로 계산을 한다, 제품의 실제원가와의 차이가 원가차이**다, 공장의 채산성은 이 원가차이를 분석하면 알 수 있다, 원가차이를 조정한 후의 금액이 실제 브랜드별 매출총이익이 된다, 브랜드별로 알 수 있는 정보는 여기까지다, 그러나 판매비와 일반관리비***, 지급이자를 세 개의 브랜드별로 분류하는 것은 대단히 어

★ **표준원가** : 과학적·통계적 분석을 토대로 능률의 척도가 되도록 예정하고 또 예정가격 또는 정상가격으로 계산한 원가. 단, 그것이 의미하는 내용은 시대의 변화에 따라 바뀐다.

★★ **원가차이** : 실제원가계산 제도에서 원가의 일부를 예정가격 등으로 계산한 경우에 원가와 실제 발생액과의 사이에 발생하는 차액. 또는 표준원가계산 제도에서 표준원가와 실제 발생액과의 사이에 발생하는 차액.

★★★ **판매비와 일반관리비** : 기업의 판매 활동과 일반관리 활동에 의해 발생한 비용. 판매비(영업부의 비용)에는 판매원의 인건비와 광고선전비 등이 있고, 일반관리비(경리부나 총무부 또는 기업 전반의 비용)에는 관리 부문의 인건비와 교통비 등이 있다.

려운 일이다. 이 비용들을 무리하게 세 개의 브랜드로 배부*하면 각각의 손익이 뒤틀려져버릴 수 있다. 따라서 굳이 배부하기보다는 회사 전체의 공통비로 처리하고 있다. 그 결과 한나의 경상이익은 1억 엔이라는 계산이 나왔다.'

경리부장은 이것으로 충분하지 않느냐는 표정을 지으며 흥분한 듯 빠른 말투로 설명을 마쳤다. 유키는 크게 심호흡을 하며 마음을 추스른 뒤, 천천히 대답했다.

"저는 어려운 회계 이론은 잘 몰라요. 하지만 경리부장님이 작성하는 브랜드별 손익계산서는 매우 중요해요. 저를 포함해 우리 회사 모든 사람에게요. 그런데 저는 이 매출총이익을 도저히 납득할 수가 없어요."

유키는 속이 부글부글 끓어올랐다.

"그럼, 사장님은 브랜드별 손익을 어떤 식으로 계산하라는 말씀이십니까?"

경리부장은 대놓고 똥 씹은 표정을 지었다.

"제조와 판매, 관리에 소요된 모든 실제 비용을 세 개의 브랜드로 분류해주었으면 해요. 가능한 한 정확하게 또한 비용 내역을 알 수 있도록 해주세요."

유키는 이유 없는 지출은 있을 수 없다고 늘 생각해왔다. 어떤 지출이든 결국 세 개의 브랜드 중 하나를 위한 일이었을 것이다. 물론

★ **배부** : 사업이나 부문 또는 제품에 서로 관련되어 발생하는 비용(간접비)을 배부 기준에 따라 부문이나 제품에 할당하여 부담시키는 것. 배부 기준을 결정하는 방법에 따라 제품원가도 실적도 바뀔 수 있다.

경리부나 총무부 등의 부문비*도 있다. 이들의 업무는 세 개의 브랜드에 공통적으로 서비스를 제공하므로 정확하게 계산하기란 여간 어려운 일이 아니다. 그러나 합리적인 분류 방법은 분명 있을 것이다.

예를 들어 총무부의 비용은 각 브랜드에 종사하는 작업자 수로, 경리부의 비용은 각 브랜드의 회계자료 작성에 소요된 시간을 기준으로 배분하면 비용을 부담하는 쪽도 충분히 납득할 수 있을 것이다. 이는 회계 이론을 운운할 문제가 아닌 부담시키는 쪽과 부담하는 쪽의 합의 여부에 관한 문제다.

그건 그렇고, 경리부장이 작성하는 회계자료는 평범하고 특기할 만한 것이 없었다. 유키는 아무런 의미도 없는 수식에 꿰맞춘 결과를 그가 '올바른 것'이라고 맹목적으로 믿고 있는 듯해 참을 수가 없었다. 유키는 어떻게 해서든지 자신의 생각을 경리부장에게 전하고 싶었다.

"이를테면 아동복은 이익을 낸 것처럼 보여요. 아동복이 확실히 옷감은 적게 들지만 상품화하기까지의 수고는 여성복이나 캐주얼웨어를 만드는 것과 별반 차이가 없어요. 더욱이 단골 거래처에서는 낱개 단위로 주문하는 경향이 있어서 출하운임은 다른 브랜드보다 더 들지요. 비록 제가 지금 예로 든 내용은 아동복의 특성 가운데 하나일 뿐이지만 저는 이런 실태를 회계정보로 표현해주기를 바라는 거예요."

유키는 자신의 생각을 한꺼번에 이야기했다. 그것이 회계 이론적

★ **부문비** : 부문이란 비용(원가)의 발생을 기능별 또는 책임 구분별로 관리하고자 비용을 분류 집계하는 방법이다. 부문별로 집계된 비용을 부문비라고 한다. 부(部)나 과(課)를 부문으로 하는 회사가 많다.

으로 잘못됐을지라도 상관없었다. 아니, 만약 자신의 요구가 잘못된 거라면 애초에 회계 이론이 이상한 게 아닐까라는 생각이 들었다.

경리부장은 묵묵히 듣고만 있었다. 그리고 몇 분이 흐른 뒤, 굳게 다물었던 입을 열었다.

"좀 더 구체적으로 사장님의 생각을 설명해주실 수는 없습니까?"

경리부장은 유키의 말을 이해하지 못한 듯했다. 유키는 브랜드별 매출액에서 차감해야 할 것은 그 브랜드 옷을 만드는 데 사용된 옷감, 부속부품의 재료비, 옷 디자인, 재단과 봉제에 소요된 비용, 옷본 작성료, 재단기의 수리비, 제품 재고의 보관료, 출하운임, 영업부원의 인건비, 리베이트rebate(판매자가 지급받은 대금의 일부를 사례금이나 보상금의 형식으로 지급인에게 되돌려주는 행위 또는 그런 돈 - 옮긴이), 접대비 등 실제로 사용한 모든 비용이라고 생각했다. 따라서 유키는 경리부장에게 모든 비용을 가능한 한 정확하게 브랜드별로 집계한 브랜드별 손익계산서를 만들어 달라고 지시한 것이다.

"사장님처럼 그런 견해도 있을 수 있겠지만, 그건 그렇게 간단한 문제가 아닙니다."

아니나 다를까 경리부장은 건성으로 부정적인 대답만 반복할 뿐이었다.

"저는 진정한 이익을 알고 싶은 거예요."

"알겠습니다. 결론인즉 진정한 이익을 알면 되는 거죠. 의미가 없는 작업이라고 생각하지만, 뭐 신입사원에게라도 시켜볼까요?"

유키는 갈수록 엇나가는 경리부장의 태도에 화가 치밀었으나 꾹

참았다.

"신입사원이라면 타로우 씨를 두고 하는 말인가요?"

유키는 입사 면접시험 때 '대학에서 배운 관리회계 지식을 활용하고 싶다'고 호소한 타로우를 확실히 기억하고 있었다.

"좋습니다. 그에게 일을 맡겨 서둘러 작업에 착수하라고 해주세요."

그날 오후 늦게, 유키는 타로우를 사장실로 불렀다.

타로우는 사장의 부름에 당혹해하면서 쭈뼛쭈뼛 들어왔다.

"부르셨습니까?"

신입사원이라 그런지 긴장한 표정이 역력했다.

"경리부장에게서 이미 지시를 받았을 거예요. 시간이 별로 없는 관계로 간단히 말할게요. 브랜드별 손익을 계산할 때 절대로 타협을 해서는 안 됩니다."

타로우는 입술을 꽉 깨물며 "알겠습니다"라고 대답했다. 유키는 그가 너무 긴장하고 있어 덩달아 긴장되는 마음을 풀기 위해 부드러운 미소를 지었다.

"그리고… 또 타로우 씨의 의견을 듣고 싶어요."

"제… 제 의견이요?"

"그래요. 그러니까 나는 경리부에서 올라오는 자료를 믿지 않아요. 타로우 씨의 생각은 어때요?"

"저도 우리 회사의 회계 수치가 왠지 왜곡된 듯한 느낌이 듭니다."

타로우는 솔직히 대답했다.

"좀 더 구체적으로 말해줄 수 있나요?"

유키는 기다렸다는 듯이 몸을 앞으로 쑥 내밀며 말했다.

"경리부장님은 배부 계산이 복잡해질수록 제품원가는 정확해진다고 말하지만, 저는 그 말에 동의하지 않습니다. 그리고 또 판매비와 일반관리비는 브랜드별 배분이 이루어지고 있지 않습니다. 이래서는 정확한 브랜드별 채산성을 알 수 없습니다."

유키는 만족한 표정으로 고개를 끄덕였다.

"나와 마찬가지로 경리부에서 계산한 회계 수치가 왜곡됐다고 생각하는군요. 그런 직원들이 많겠지요?"

유키는 경리부에서 작성하는 회계 수치를 믿지 않는 사람이 자기 말고 또 있다는 사실에 마음이 놓였다. 하지만 타로우는 고개를 좌우로 크게 흔들었다.

"그렇지 않습니다. 거의 모든 간부와 직원들은 경리부에서 만든 자료가 정확하다고 믿어 의심치 않습니다. 한마디로 경리부에서 작성한 숫자는 절대적입니다."

(절대적… 절대적이라….)

유키는 잘못된 회계정보를 마치 올바른 정보인 양 모두 신봉하고 있다는 사실에 기가 막혔다. 아니 소름마저 돋았다. 유키는 사태의 심각성을 통감했다.

(도대체 이 철옹성을 어떻게 깨부순단 말인가?)

그날부터 타로우는 일상 업무가 끝난 뒤, 매일 밤늦게까지 브랜드별 손익계산서를 작성하는 데 온 힘을 쏟았다.

"자네의 업무는 전표를 만드는 거니까 그런 쓸데없는 일은 적당히 해둬."

경리부장은 타로우가 그리 중요하지 않은, 나아가 쓸데없기까지 한 일에 몰두하는 모습이 영 못마땅했다. 그러기에 온갖 허드렛일을 시켜가면서까지 방해를 서슴지 않았다. 그러나 타로우는 경리부장이 시키는 일을 다 하면서도 끈기 있게 작업에 집중했다. 그리고 유키가 파리로 출발하기 직전, 보고서를 완성했다.

"자료를 두 종류로 만들어봤습니다."

타로우는 서류가 담긴 봉투를 유키에게 건넸다. 유키는 자료를 꺼내 빠르게 훑어봤다. 그리고 나서 싱긋 미소를 지었다.

"고마워요. 기대 이상이네요."

무엇을 실현하고자 하는가

오후 4시, 유키는 방돔 광장(파리 센강 오른쪽 기슭에 있는 광장 - 옮긴이) 근처에 있는 세련되고 아담한 별 네 개짜리 호텔에 도착했다. 이번에도 12시간 동안 단식한 덕분에 몸 상태가 좋았다. 유독 디자이너들에게 인기가 좋은 이 호텔은 쾌적함은 물론 침구와 실내 장식도 나무랄데가 없었다. 게다가 아즈미가 숙박하고 있는 호텔 드 크리용은 이곳에서 도보 10분 정도의 거리에 있을 만큼 가까웠다.

유키는 샤워를 마친 뒤 약속 장소를 향해 출발했다. 샹젤리제 거리에는 관광객이 많아 조심하지 않으면 서로 부딪칠 것 같았다. 유키는 북적이는 길을 조심스럽게 지나 비교적 인파가 적은 곳으로 나왔다. 주위를 둘러보자 길 건너편에 낯익은 L자와 V자가 조합된 로고가 눈에 띄었다. 아즈미와 약속한 그 가게였다.

입구에는 우락부락한 얼굴에 검은색 양복을 입은 남자가 서 있었다. 유키는 행여나 그 사람과 부딪칠세라 서둘러 가게 안으로 들어섰다. 그곳에는 여러 종류의 핸드백이 진열되어 있었고, 세계 여러 나라에서 온 여성들이 소유의 욕망을 품고 제품을 하나씩 들고 있었다. 유키 역시 신상품 핸드백을 손에 들었다. 살지 말지 망설이고 있을 때 뒤에서 유키를 부르는 소리가 들렸다.

"마음에 드는 핸드백이라도 있나?"

뒤를 돌아보니 아즈미였다.

"아하, 선생님. 어때요, 어울려요?"

유키는 밍크 모피로 만든 핸드백을 아즈미에게 보여줬다.

아즈미는 그다지 관심 없는 표정으로 물었다.

"살 거야?"

"갖고는 싶지만… 너무 비싸서 저에겐 무리예요."

유키는 손에 들었던 핸드백을 제자리에 내려놓았다.

두 사람은 가게를 나와 엎드리면 코 닿을 곳에 위치한 개선문으로 향했다.

"이것이 에투알 개선문이야. 1806년 나폴레옹 1세의 명령으로 건설되기 시작해서 1836년에 완성됐으니까 건축기간이 정확히 일본의 에도 말기(1603년부터 1867년까지의 봉건 시대. 도쿠가와 가문이 에도에서 일본을 통치하던 시대 – 옮긴이)에 해당돼.

유키는 전방에 우뚝 솟은 개선문을 가리키며 물었다.

"위에까지 올라갈 생각이세요?"

"물론이야. 걸어서 올라가보자고."

두 사람은 겹겹이 이어진 나선계단을 쉬지 않고 올라갔다. 옥상 밖으로 나와보니 파리 시내가 한눈에 들어왔다. 파리는 이 개선문을 중심으로 재정비된 도시라는 것을 알 수 있었다.

두 사람은 아름다운 파리를 조망한 뒤 다시 밑으로 내려와 개선문

주위를 한 바퀴 빙 돌았다. 샹젤리제 거리를 비롯한 12개의 길이 마치 별빛처럼 방사형으로 뻗어 있었다.

"그런 이유로 에투알 개선문이라고 불리게 된 거야."

유키는 파리의 아름다움에 그만 넋을 잃고 말았다. 세계에서 가장 아름다운 도시로 평가받는 파리가 잘 짜인 도시계획에 따라 만들어 졌다는 사실을 실감할 수 있었다.

그때 문득, 유키는 자신이 태어나고 자란 도쿄 센다기 주변을 떠올 렸다. 지금은 없어진 도덴(都電, 노면전차로 현재는 한 개의 노선만 남아 있 다 - 옮긴이), 시노바즈가를 따라 무질서하게 세워진 건물들 그리고 우 스꽝스러운 모습으로 서 있는 전봇대 등등.

(왜 도쿄에는 도시를 설계하는 사람이 없었던 걸까?)

두 사람은 택시를 타고 오페라좌(파리에 있는 국립 오페라극장 - 옮긴이) 부근에 있는 레스토랑으로 향했다.

"굴을 먹어볼까. 화이트와인과 생굴은 궁합이 절묘하게 맞거든."

아즈미는 차 안에서 프랑스산 굴은 히로시마 굴과 다름없이 맛있 고 화이트와인은 사케(일본 술), 즉 청주와 다름없이 생굴과 잘 어울린 다고 일러주었다.

10분 정도 지나자 아즈미가 추천한 레스토랑에 도착했다. 식당 안 은 활기가 넘쳤고 웨이터는 두 사람을 친절하게 테이블로 안내했다. 자리에 앉자 아즈미는 요리와 와인을 주문했다.

"굴 3인분과 시원한 샤블리(프랑스 부르고뉴 지방 샤블리에서 생산되는 화이트와인 - 옮긴이)를 부탁해요."

잠시 후, 큰 접시에 가득 담긴 생굴과 시원한 화이트와인이 나왔다. 아즈미는 화이트와인을 와인 잔에 따르더니 생굴 한 개를 입에 넣고 씹었다.

"이 생굴이나 화이트와인은 결코 싸지 않아. 하지만 나는 기꺼이 돈을 지급하지. 왜일까?"

유키는 왜 그런지 짐작이 갔지만 묵묵히 고개를 좌우로 흔들었다.

"만족했기 때문이야. 나는 음식이 아닌 만족감을 사고 있어."

그렇게 말하며 아즈미는 그야말로 만족한 표정으로 생굴과 시원한 화이트와인을 번갈아가며 입에 넣었다. 유키는 그런 아즈미가 마치 어린아이처럼 보였다.

"미시경제학을 공부하지 않아도 소비자가 '효용과 만족'에 대해 돈을 지급한다는 것쯤은 누구나 아는 상식이지."

아즈미는 정말로 누구나 다 아는 사실을 말하며 생굴을 한 개 더 입으로 가져갔다.

"그건 그렇고, 이 세상에는 일을 만족스럽게 하지 못하는 수많은 컴퓨터가 열심히 가동되고 있어. 유키 양 회사처럼 말이야. 왜일까?"

이제야 본론으로 들어가는가 싶어 유키는 빠르게 대답했다.

"잘 모르겠는데요…."

"고가의 컴퓨터나 유명한 ERP패키지라는 물건을 사는 그 자체에 만족하기 때문이지."

대답은 너무 간단했지만 정말로 맞는 말이었다. 경영자에게 '만족'
이란 ERP시스템 그 자체가 아니라 ERP시스템이 가져다주는 정보,
월별 결산의 조기화, 간접부문에 소요되는 비용의 감축이라는 성과
여야 한다. 결코 물건이 아니다. 그런데 현재 추진하고 있는 ERP시
스템은 유키에게 필요한 정보를 제공해주지 않을 뿐더러 반응도 늦
고 간접부문비 역시 증가해버렸다.

(결국 나도 어리석은 사람들처럼 고가품을 사는 일 자체에 만족했을 뿐이야.)

"그렇다면 정보시스템부장의 말대로 처음부터 다시 만들어야 하는
건가요?"

유키는 불안한 표정으로 아즈미에게 물었다.

아즈미는 유키의 질문에 대답하는 대신 뜻밖의 질문을 던졌다.

"유키 양은 에투알 개선문의 옥상에서 무엇을 느꼈지?"

유키는 질문에 당혹스러워하면서도 느낀 대로 이야기했다.

"파리라는 도시는 잘 짜인 도시계획을 바탕으로 만들어졌다는 느
낌을 받았어요."

"그래. 기본 계획이 잘 짜여 있기 때문에 도시 전체가 심플하고 아
름다운 거야. ERP시스템도 마찬가지지. 처음 ERP시스템을 구축하고
자 한 목적, 다시 말해 무엇을 하고 싶은지가 명확해야 그 구조가 심
플하고 또 아름다워지는 거야."

아즈미는 굴을 맛있게 먹으면서 계속 설명했다.

"도시계획을 세울 때 명확한 목적이 없으면 어떤 사태가 발생할까?
한번 생각해봐."

"한나처럼 될 거라고 생각해요."

유키는 부끄러운 듯이 대답했다.

아즈미는 큰 소리로 웃었다.

"도시계획도 시스템 구축도 기본적인 사고방식은 같아. 중요한 점은 가장 먼저 실현하고자 하는 목적을 명확히 하는 거야."

"하지만 저는 컴퓨터에 대해서는 전혀 몰라요."

유키는 자신 없다는 표정으로 말했다.

"나폴레옹은 토목건축에 대한 전문지식은 없었지만 멋진 도시를 만들었지. 마찬가지로 유키 양도 컴퓨터에 관한 전문지식을 알 필요는 없어. 다만, 회사의 최고경영자로서 '무엇을 하고 싶은지'를 모두에게 알리는 책임을 절대 잊어서는 안 돼."

아즈미는 빈 와인 잔에 화이트와인을 따랐다.

"유키 양의 지시가 없었기 때문에 공장은 혼란에 빠질 수밖에 없었던 거야. 다시 말해 회사에 명확한 방침이 없으니 영업부, 제조부, 구매부, 경리부, 기타 모든 부문은 자신들의 요구사항을 ERP시스템에 담으려고 했어. 그 결과, 컴퓨터시스템은 비대해졌고 부문 간의 정합성도 떨어졌지. 그러다 보니 반응도 늦고 자연히 사용 빈도가 낮아져 결국 무용지물인 시스템이 되어버린 거야."

"그럼 역시 처음부터 다시 만드는 방법밖에는 없는 건가요?"

아즈미의 노트

ERP시스템을 구축하기 위해서는 '무엇을 하고 싶은가'를 정확히 설정해야 한다. 그 목적이 분명해야 구조가 단순해지고 제 기능을 발휘한다.

회계학 콘서트 ❷ 관리회계

유키는 초조한 마음으로 똑같은 질문을 반복했다.

그러자 아즈미는 고개를 흔들었다.

"그럴 필요는 없어. 이 도시도 처음부터 지금처럼 아름다웠던 건 아니야. 이전의 파리는 무질서한 보통의 도시에 지나지 않았어. 그렇다고 나폴레옹 3세가 기존에 있던 것들을 모두 허물고 파리를 처음부터 다시 만들려고 했을까? 아니야. 남겨야 할 곳은 남긴 다음, 남겨둔 건물과 길을 연결하고 또 광장과 광장을 직선으로 이었어. 그리고 에투알 광장에 개선문을 세운 뒤 도로 주변의 건축물을 규제해 아름다운 도시로 재탄생시킨 거야."

(남겨야 할 곳은 남겨두고, 나머지는 허문다?)

유키는 머리를 한 대 맞은 느낌이 들었다.

"유키 양의 회사도 이와 마찬가지야. 유키 양에게 필요한 최소한의 정보가 있고, 기본적인 업무데이터를 통합할 수 있는 정도면 충분하지 않을까?"

(오호! 심플하게 만들면 되겠구나.)

유키는 개운치 않았던 부분이 조금씩 풀리는 기분이었다.

뜻하지 않은 곳에 함정이 있다

유키는 봉투에서 두 자료를 꺼내 아즈미에게 건넸다.

"먼저 이 자료는 경리부장이 작성한 브랜드별 손익계산서(표 3-2)예요. 그리고 이 자료는 모든 비용을 브랜드별로 집계해서 작성한 것이고요(표 3-3)."

아즈미는 자료를 꼼꼼히 살펴보았다.

"잘 만들었는데… 유키 양도 이 자료를 읽어보았겠지? 그래서 결국 알게 된 사실은 무엇이었어?"

"결과가 반대였어요."

지금까지의 브랜드별 손익계산서에서는 캐주얼웨어가 가장 높은 이익률을 보였다. 그리고 두 번째는 아동복이었다. 따라서 모두가 이 두 브랜드의 매출을 늘리면 회사 전체의 매출총이익도 증가할 것이라고 생각했다. 하지만 모든 비용을 브랜드별로 집계해보니 결과는 정반대였다. 경상이익은 캐주얼웨어가 1.4억 엔, 여성복이 1.8억 엔, 아동복은 놀랍게도 2.2억 엔 적자였다.

"판매비와 일반관리비 등의 공통비를 어떻게 브랜드별로 나눴지?"

"전표랑 청구서를 꼼꼼히 살펴보며 데이터를 수집했어요."

예를 들어 지금까지는 세 개의 브랜드가 실려 있는 다이렉트메일(DM)의 인쇄비는 공통비로 처리해왔다. 공장에서 물류창고로 보낼

때의 출하운임도 여성복과 아동복이 뒤섞여 있기에 공통비로 처리했다. 또 바겐세일을 할 때는 브랜드에 상관없이 재고품을 몽땅 화물차에 실어 원가 이하로 판매했다. 그리고 바겐세일에서 팔다 남은 재고품은 소각 처분했다. 하지만 이와 같은 방법으로는 브랜드별로 매각손과 제각손실을 계산할 수 없다. 매각손도 제각손실도 공통비가 아닌 브랜드별로 계산해야 하기 때문이다.

이처럼 공통비로 처리하는 부분 때문에 브랜드별 채산성을 알 수 없는 것이다. 타로우는 홍보인쇄물에 실린 아이템 수와 각각 차지하는 크기의 비율로 브랜드별 부담액을 계산했다. 그리고 운임청구서의 상세 내역과 바겐세일용 금전등록기 데이터 등에서 공통비를 세 개의 브랜드별로 분류한 다음 다시 집계했다. 그야말로 정신이 아찔해지는 작업을 매일 밤늦게까지 한 것이다.

이밖에 회사 전반을 관리하는 경영자의 인건비, 경리부와 총무부의 비용, 지급이자와 같은 진정한 의미의 공통비도 있다. 유키는 이들 비용도 브랜드별로 부담시키는 합리적인 기준이 반드시 있을 것이라고 생각했다.

경리부의 비용은 회계자료의 수, 정보시스템부의 비용은 데이터의 양, 인사부의 비용은 직원의 수, 지급이자는 차입금을 기준으로 브랜드별로 나눴다. 그 결과가 이 두 장짜리의 브랜드별 손익계산서다(표 3-3).

그때 유키는 타로우가 작성한 또 다른 손익계산서가 하나 더 있다는 사실이 생각났다. 유키는 그것을 가방에서 꺼내 아즈미에게 보여주었다. 이번에도 아즈미는 유심히 살펴보았다.

"이 일을 맡은 직원은 관리회계를 배운 적이 있군."

그것은 앞에서 설명한 표를 약간 가공한 것이었다(표 3-4). 표에는 브랜드별 공헌이익이 집계되어 있었다. 실제 매출총이익에서 판매직접비를 차감한 것이 공헌이익으로, 각각의 브랜드가 하나 전체의 비즈니스에 얼마나 공헌했는지를 나타낸다. 이 표를 보니 여성복과 캐주얼웨어의 공헌이익은 6억 엔인 데 비해 아동복은 1.5억 엔이었다. 두 브랜드의 공헌도는 분명히 달랐다.

공헌이익에서 기타 판매비와 일반관리비를 차감한 값이 경상이익이고, 각각의 경상이익에 감가상각비를 더한 뒤 운전자본의 증가액을 차감한 값이 영업현금흐름Cash Flow(이하 영업CF), 다시 말해 브랜드별 이익인 셈이다.

표 3-2

경리부장이 작성한 브랜드별 손익계산서

단위: 억 엔

구분	여성복	아동복	캐주얼웨어	합계
매출액	50	30	20	100
표준 매출원가	35	17	10	62
매출총이익	15	13	10	38
원가차이	−0.5	−1.5	−	−2
실제 매출총이익	14.5	11.5	10	36
이익률	29%	38%	50%	36%
판매비와 일반관리비	−	−	−	33
영업이익	−	−	−	3
지급이자	−	−	−	2
경상이익	−	−	−	1

표 3-3

타로우가 작성한 브랜드별 손익계산서

단위: 억 엔

구분	여성복	아동복	캐주얼웨어	합계
매출액	50	30	20	100
표준 매출원가	35	17	10	62
매출총이익	15	13	10	38
원가차이	−0.5	−1.5		−2
실제 매출총이익	14.5	11.5	10	36
이익률	29%	38%	50%	36%
인건비	3.5	4	2.5	10
판촉비	1.5	2.5	1.5	5.5
출하운임	2	3	1	6
여비교통비	1.2	1.2	0.6	3
토지 및 건물 임대료	2.5	1.5	0.5	4.5
제품 매각손	1	1	2	4
판매비와 일반관리비 소계	11.7	13.2	8.1	33
영업이익	2.8	−1.7	1.9	3
지급이자	1	0.5	0.5	2
경상이익	1.8	−2.2	1.4	1
감가상각비	0.5	0.2	0.1	0.8
재고증가	−0.1	1	2	2.9
외상매출금 증가	0.2	0.7	1	1.9
외상매입금 증가	0	1	0	1
영업CF	2.2	−2.7	−1.5	−2

이익률은 두 번째로 높은데

경상이익은 2.2억 엔 적자

경상이익 = 공헌이익 − 판매비와 일반관리비

영업현금흐름 = (경상이익 + 감가상각비) − 운전자본의 증가액

표 3-4

공헌이익을 고려한 브랜드별 손익계산서

구분		여성복	아동복	캐주얼웨어	합계
매출액		50	30	20	100
표준 매출원가		35	17	10	62
매출총이익		15	13	10	38
원가차이		-0.5	-1.5		-2
실제 매출총이익		14.5	11.5	10	36
이익률		29%	38%	50%	36%
판매 직접비	인건비	1.5	2	0.5	4
	판촉비	1.5	2.5	1.5	5.5
	출하운임	2	3	1	6
	여비교통비	1	1	0.5	2.5
	토지 및 건물 임대료	2.5	1.5	0.5	4.5
	소계	8.5	10	4	22.5
공헌이익		6	1.5	6	13.5
기타 판매비 와 일반 관리비	인건비	2	2	2	6
	여비교통비	0.2	0.2	0.1	0.5
	제품 매각손	1	1	2	4
	소계	3.2	3.2	4.1	10.5
판매비와 일반관리비 소계		11.7	13.2	8.1	33
영업이익		2.8	-1.7	1.9	3
지급이자		1	0.5	0.5	2
경상이익		1.8	-2.2	1.4	1
감가상각비		0.5	0.2	0.1	0.8
운전 자본의 증가	재고증가	-0.1	1	2	2.9
	외상매출금 증가	0.2	0.7	1	1.9
	외상매입금 증가	0	1	0	1
영업CF		2.2	-2.7	-1.5	-2

이익률은 50퍼센트인데...

영업CF는 1.5억 엔 적자

세 개의 브랜드 중에서 영업CF는 압도적으로 많았다!

세 개의 브랜드 중에서 가장 돈벌이를 하지 못한 것은 아동복이었다!

캐주얼웨어의 영업CF는 1.5억 엔 적자임을 알 수 있다. 아동복의 영업CF도 2.7억 엔 적자였다. 다시 말해 캐주얼웨어도 아동복도 돈벌이를 하지 못했다는 결론이 나온다. 여성복의 영업CF는 2.2억 엔으로 세 개의 브랜드 중에서 압도적으로 많았다.

타로우가 작성한 두 장의 자료를 보던 유키의 머릿속에 의문이 꼬리에 꼬리를 물었다.

'ERP시스템을 도입했는데 왜 재고와 외상매출금이 증가했을까?'
'아동복의 판촉비와 출하운임은 왜 이토록 많은 걸까?'

"흠, 이거 재미있어졌는데."

아즈미는 이렇게 말하며 손목시계를 힐끗 쳐다봤다.

"아쉽지만 이제 슬슬 공항에 가야 할 시간이군."

유키는 만족스러운 답을 얻지 못한 채 헤어지는 것이 이내 서운했다.

"다음 달에는 어디로 찾아뵐까요?"

"런던으로 와. 다음에는 20:80의 법칙*에 대해 생각해보자고."

20:80이라는 말에 유키는 흥미를 느꼈다.

"영국의 중화요리는 세계 최고야."

아즈미는 남은 와인을 훌쩍 마신 뒤 자리에서 일어섰다.

★ **20:80의 법칙** : 이탈리아 출신 경제학자 빌프레도 파레토(Vilfredo Federico Damaso Pareto)가 발견한 법칙으로 사회 전체 부의 80퍼센트는 20퍼센트의 상위계층에 집중되어 있다는 것. 지금은 전체의 20퍼센트가 나머지 80퍼센트를 지배한다는 의미로 사용된다.

공헌이익

미국의 관리회계 교과서 등에서는 매출액에서 변동비를 차감한 이익을 공헌이익 또는
한계이익이라고 정의한다. 이는 매출액에서 변동비를 뺀 이익이 '고정비의 회수'와 '영
업이익에 공헌한다'는 데에 의미를 두는 해석이다. 일본에서는 공헌이익을 한계이익과
구별해 다음의 두 가지 의미로 사용한다.

표 3-5

공헌이익 손익계산서

단위: 만 엔

구분	A	B	C	영업부 회계
매출액	5,000	6,000	7,500	18,500
매출원가	3,250	4,200	5,625	13,075
매출총이익	1,750	1,800	1,875	5,425
판매직접비	1,000	1,250	1,500	3,750
공헌이익	750	550	375	1,675
판매간접비	–	–	–	600
일반관리비	–	–	–	850
영업이익	–	–	–	225
매출총이익률	35%	30%	25%	29%

매출은
가장 많은데...

공헌이익은
가장 적다

1. 매출총이익에서 판매직접비를 차감한 이익

이는 영업(부문 또는 담당자)이 판매간접비와 일반관리비의 회수, 영업이익에 공헌한 이익을 의미하며 영업을 평가하는 가장 합리적인 기준이다. 표 3-5를 보면 C는 매출액이 가장 많은 데 반해 공헌이익이 가장 적다는 사실을 알 수 있다. 이 원인은 매출총이익률이 낮고 판매직접비가 많기 때문이다. 할인이나 판촉비에 의지한 영업 활동을 하고 있을 가능성이 높다.

2. 한계이익에서 개별고정비를 차감한 이익

개별고정비는 경영 활동에 소요되는 고유의 고정비를 말하며, 공통고정비는 경영 활동을 그만두더라도 발생하는 비용을 말한다. 표 3-6은 회사 전체와 사업부별(이 책에서는 브랜드별로 작성한) 공헌이익 손익계산서다. 이 공헌이익 손익계산서는 사업을 계속해야 할지 중지해야 할지를 판단하는 기준으로 사용된다. 아동복 사업을 중지했을 경우에 영업이익이 250만 엔 증가한다는 사실을 알 수 있다.

표 3-6

공헌이익 손익계산서

단위: 만 엔

구분	여성복	아동복	캐주얼웨어	합계
매출액	18,000	15,000	20,000	53,000
변동비	7,200	11,250	7,000	25,450
한계이익	10,800	3,750	13,000	27,550
개별고정비	3,500	4,000	8,000	15,500
공헌이익	7,300	-250	5,000	12,050
공통고정비	-	-	-	5,000
영업이익	-	-	-	7,050

250만 엔 적자이므로 아동복 사업을 그만두면 250만 엔의 증익효과가 있다

공통고정비의 대부분은 경리부와 인사부 등에서 발생하는 본사 비용이다. 이들 비용은 각 사업 활동을 통해 공통적 또는 고정적으로 발생하지는 않지만, 각 사업부의 활동을 지원하고 있음은 분명한 사실이다.

실무에서는 본사 비용을 사업부에 부담시키는 기준으로 매출비(比)나 인수비(比)가 사용된다. 그러나 이 배부 방법은 일반적으로 합리적이지 못하다. 앞에서 설명했듯이 본사 비용을 배분하는 가장 합리적인 기준은 활동량(작업시간, 데이터 건수, 작성 자료의 양 등등)이다. 가령 각 사업부가 외부 회사에 경리 업무나 급여 계산을 위탁하고 그 대가를 지급하는 것처럼, 본사 비용은 사업부에 대한 몇 종류의 개별비가 집계된 것이라고 생각해야 한다.

제4장

모든 것은
20 : 80 법칙의
지배를 받는다

ERP패키지 도입과
ERP 실현은 별개의 문제다

"ERP시스템을 도입하기 전에 발생했던 문제가 다시 속출하고 있습니다."

영업부장 마나베가 붉으락푸르락하는 얼굴로 유키에게 직소했다.

"어떻게 된 일인가요?"

기다렸다는 듯 영업부장은 봇물 터지듯 하소연을 시작했다.

'물류센터와 직영점에 제품이 넘쳐나고 있다, 그뿐만이 아니다, 컴퓨터의 재고량과 실제 재고량이 맞지 않는다, 점장이 기입을 잘못했을지도 모르고 영업 담당이 샘플로 반출했을지도 모르고 어쩌면 도둑맞았을지도 모르는 일이다' 여하튼 그 원인을 알 수가 없다는 것이었다.

"제품원가도 계속 오르고만 있습니다."

제조부장 하야시다는 거의 울상인 표정으로 말했다. 옷감과 부속부품 대금은 제자리걸음이고 직원들의 평균 급여도 최근 몇 년 동안 오르지 않았음에도 제품 한 벌당 원가는 계속 증가하고 있다는 것이다.

다각도로 조사해보니 최근에 자수를 놓은 제품이 증가일로였다. 후지 공장에는 자수 재봉틀이 없고 기술자도 없어서 자수가 필요한 제품은 봉제 작업을 포함해 협력회사에 발주를 한다. 이와 관련해 제조부장은 아무래도 제품원가의 상승 원인이 외주비 증가와 공장의 가동률 저하에 있는 것 같다고 말했다.

"형편없는 영업을 하는 녀석들이 늘고 있군."

여태 입을 다물고 있던 경리부장이 불만스레 내뱉었다.

"최근에 매출 목표를 달성하고자 몇몇 영업사원들이 터무니없이 할인을 늘렸습니다. 게다가 대금 회수율도 악화됐고요. 이러니 자금 융통이 어려워질 수밖에요."

"왜 그런 할인을 인정했나요?"

경리부장은 턱으로 영업부장을 가리키며 비아냥 섞인 목소리로 말했다.

"제게 물어봤자 알 턱이 없잖습니까? 영업부장에게 물어보셔야죠."

남의 일처럼 말하는 경리부장의 태도에 유키는 몹시 언짢았다.

눈 깜짝할 사이에 한 달이 지나갔다. 그 사이 유키의 머릿속은 아즈미에게 묻고 싶은 것들로 가득 찼다.

(월 1회 강의로는 시간이 너무 부족해.)

런던의 피커딜리 서커스(런던 도심부에 있는 원형 광장 - 옮긴이)에 있는 중화요리점은 많은 사람들로 붐볐다.

"영국 음식이 맛없다는 말도 다 옛말이야."

아즈미는 프랑스 샴페인을 마시면서 감회에 잠겼다.

"이 도시만 해도 프랑스와 이탈리아에서 온 일류 주방장이 솜씨를 겨루고 있지. 뿐만 아니라 이 나라는 예부터 중화요리와 인도요리가 맛있기로 유명했어."

제비집 수프가 나왔다. 태어나서 처음 먹어보는 수프였다.

"정말 맛있군요."

유키는 이번에도 기내식을 먹지 않길 잘했다고 생각했다.

"한나는 결국 유키 양 부친이 주먹구구 경영하던 시절로 되돌아가 버렸군. 그렇지 않나?"

"맞아요."

유키는 부끄러움으로 얼굴이 빨개졌다. 아즈미가 지적한 대로 한 차례 빚을 갚았지만, 현재 주거래은행에서 빌린 차입금만 해도 20억 엔이 훌쩍 넘었다.

"ERP시스템을 도입하기 전까진 빚이 얼마였지?"

"5억 엔 정도였어요."

"나머지 15억 엔은 많든 적든 ERP시스템의 도입과 관련하여 증가 했겠군."

유키는 아무 말 없이 그저 고개를 끄덕였다.

"유키 양이 ERP시스템을 도입해 무엇을 하고 싶은지 그리고 어느 정도의 기대 효과를 바라는지를 조목별로 상세히 적어봐."

유키는 펜을 꺼내 노트에 적기 시작했다. 잠시 후 목록이 완성되자 아즈미는 빠르게 읽어 내려갔다.

유키가 바라는 것

목적

① 회사 활동의 가시화

② 아동복과 캐주얼웨어의 적자 해소(최종적으로 이익률 5퍼센트 달성)

③ 현금흐름의 개선(2년 이내에 빚이 없는 경영 상태로 되돌리는 것)

기대효과

① 제품원가 절감에 따른 매출총이익률 향상(2억 엔)

② 본사 간접부문비 절감(1억 엔)

③ 아동복과 캐주얼웨어의 출하운임 절감(1억 엔)

④ 판매촉진비 절감(1억 엔)

⑤ 아동복과 캐주얼웨어의 재고 감소(3억 엔)

"이와 같은 목표를 실현하려면 무엇보다도 회사의 근본적인 구조 개혁이 필요해."

(구조개혁, 아! 말은 쉽지만….)

"다시 한번 말하지만, ERP를 실현하는 것과 ERP패키지를 도입하는 것은 별개의 문제야. ERP패키지로 실현할 수 있는 것은 데이터의 통합뿐이야. 따라서 유키 양이 먼저 실현해야 할 것은 한나를 '사람과 물건, 돈'의 낭비가 발생하지 않는 구조로 바꾸는 거야."

이는 너무나도 당연한 이론이었다.

유키는 이전에 아즈미에게서 ERP는 사람과 물건, 돈과 데이터를 통합해 경영의 효율성을 도모하기 위한 개념이고, ERP패키지는 데이터를 통합하기 위한 패키지 소프트웨어라고 배웠다. 다시 말해 ERP시스템이 완성돼도 업무데이터를 통합하는 데 그치므로 업무 방식을 근본적으로 바꾸지 않으면 사람과 물건, 돈을 효율적으로 활용할 수 없다.

20퍼센트가 중요하다

"ERP를 실현하려면 구조개혁이 필요하다는 사실은 이해했지?"

유키는 "네"라고 말하며 고개를 끄덕였다.

"다음은 ERP시스템에서 정보를 어떻게 입수하는지를 설명할게."

아즈미는 유키의 노트에 큰 글씨로 '20:80의 법칙'이라고 썼다.

대부분의 기업에서 매출액의 80퍼센트는 20퍼센트의 단골 거래처와 20퍼센트의 제품이 담당하며, 20퍼센트의 영업 담당자가 신규 거래처의 80퍼센트를 획득하고, 20퍼센트의 생산라인에서 전 제품의 80퍼센트를 생산한다. 경영인은 이 20:80의 법칙을 잘 이해하고 활용해야 한다.

"회사는 낭비로 넘쳐나고 있어. 한나뿐만이 아니라 대부분의 회사들이 그렇지. 매출액의 80퍼센트는 20퍼센트의 단골 거래처와 20퍼센트의 제품이 담당하며, 20퍼센트의 영업 담당이 신규 거래처의 80퍼센트를 획득하고, 20퍼센트의 생산라인에서 전 제품의 80퍼센트를 생산하고 있지. 더욱이 비용의 80퍼센트는 가치를 창출하지 않는 80퍼센트의 활동에 사용하고 있어."

유키는 회사가 낭비 덩어리라고는 한 번도 생각한 적이 없었다. 모든 비용은 수익(매출)에 공헌하고 있다고 믿어 의심치 않았다. 물론 어느 정도의 낭비는 있을 것이다. 하지만 아즈미는 지금 가치를 창출하고 있는 비용은 전체의 20퍼센트뿐이라고 말하는 게 아닌가.

"직원도, 제품도, 기계 설비도 쓸데없는 활동에 사용되고 있어. 자원 배분이 제대로 이루어지지 않아서 생각대로 성과가 오르지 않는 거야. 바로 이게 한나의 현실이지."

아즈미는 유키의 노트를 손가락으로 가리켰다.

비용을 들여도 성과로 이어지지 않는다

"자원 배분을 잘못하면 사용한 비용은 실적으로 이어지지 않아. 다시 말해 실적과 비용은 언제나 대응관계에 있지 않다는 뜻이지. 손익계산서는 온도계와 같아. 즉 수익과 비용은 제각기 결정될 뿐만 아니라 반드시 서로 대응하지도 않는다는 말이지. 이익은 그 차액에 지나지 않아."

유키는 그제야 아즈미가 말하고자 하는 바를 서서히 이해하기 시작했다. 기업에서는 경영자원, 즉 사람과 시간과 자금을 사용함으로써 비용이 발생한다. 그러나 비용을 들인다고 해서 바로 성과(이익)로 이어지는 것은 아니다. 그러므로 불필요한 것을 줄여야 한다. 그것은 가치를 창출하지 못하는 활동 그리고 그 활동이 소비하는 비용(사람, 물건, 돈)이다.

유키는 아즈미가 말하는 '구조개혁'의 의미를 한발 더 나아가 깊이 생각해봤다. 낭비가 많다는 말은 그만큼 업무가 복잡하다는 의미기도 했다. 따라서 ERP시스템을 도입하기 전에 업무를 단순화하는 작업이 필요하다. 유키는 퍼뜩 떠오르는 이러한 생각을 아즈미에게 말했다.

"맞아. 쓸데없는 활동에는 비용이 많이 드는 데 반해 단순한 활동에는 비용이 적게 들지. 게다가 컴퓨터시스템은 점점 더 단순해지니

도입하기도 쉽고 말이야."

(그렇지! 업무를 심플하게 하면 되는 거였어.)

유키는 이번 프로젝트가 자꾸 늦어지는 이유를 이제야 깨달았다.

현재 정보시스템부장이 추진하고 있는 ERP시스템은 여러 가지가 뒤죽박죽 섞여 있어 무엇이 핵심인지 명확하지 않다. 각 부문의 요구를 모두 수용하다 보니 덩치만 커진 것이다. 한나에는 쓸데없는 업무가 너무 많다. 더욱이 그 쓸데없는 업무까지 시스템화 작업에 포함시켰을 가능성이 농후하다. 만약 그것이 사실이라면 돈을 아무리 쏟아 부어도 성과가 나올 리 없다. 이래서는 NFI만 돈을 벌게 해주는 결과밖에 더 나오겠는가?

그때 주문한 오리 요리가 나왔다.

웨이터는 오리의 껍질을 익숙한 칼질로 벗겨내 얇은 식빵처럼 생긴 전병에 파와 함께 감싼 다음 두 사람의 접시에 올렸다. 행복한 표정의 아즈미는 달콤한 양념장을 듬뿍 찍어 맛있게 먹었다.

"이제 한나에 어떤 회계정보가 필요한지를 생각해볼까?"

아즈미는 설명을 시작했다.

"먼저 매출액부터 따져보자고. 80퍼센트의 매출을 가져다주는 상위 20퍼센트의 제품을 찾아내는 한편 하위 20퍼센트의 실패 제품도 찾아내야 해. 물론 이 정도의 정보만 갖고 경영이 가능한 건 아

아즈미의 노트

비용을 들인다고 해서 바로 성과(이익)로 이어지는 것은 아니다. 그러므로 가치를 창출하지 못하는 활동과 그 활동이 소비하는 비용(사람, 물건, 돈)을 줄여야 한다.

니야. 문제는 상위 20퍼센트에 포함되는 '인기 상품이지만 실제로는 매출총이익률이 현저히 낮은 제품들'과 '성공도 실패도 아닌 나머지 60퍼센트에 포함되는 제품들'이야. 이 제품들을 어떻게 할지 결정해야만 해."

인기 상품인데 적자인 제품

"먼저 인기 상품인데 실은 적자인 제품을 취급하는 방법에 대해 생각해볼까? 많이 팔려도 매출총이익률이 현저히 낮으면 바로 조치를 취해야 해. 경우에 따라서는 판매를 중지할 필요도 있어."

"적자 제품을 대량으로 판매하는 경우가 실제로 있을까요? 그런 바보 같은 짓을!"

유키는 상상이 되지 않았다.

"흔히 있는 일이야. 특히 영업 담당에게 매출책임량을 부과하는 회사라면 말이지."

"매출책임량이라고요?"

유키는 그 말에 민감하게 반응했다.

"영업 담당은 온갖 방법을 다 동원해 매출을 늘리려고 하지. 가장 먼저 사용하는 방법은 할인이야. 영업 담당자 중에 목소리가 큰 사람

일수록 이익보다 매출액을 중시하는 경향이 있어. 이익은 전혀 생각하지 않고 할인만 반복하는 거지. 즉 매출액은 증가하지만 할인금액만큼 이익은 줄어드는 셈이야."

유키는 고개를 끄덕였다. 한나에도 그런 영업 담당자가 분명 있으리라. 왜냐하면 매출액으로 영업 실적을 평가하기 때문이다. 매출액과 보너스를 연동시켜야 한다고 제안한 사람은 바로 3년 전에 입사한 지금의 영업부장 마나베다.

"덧붙여 말하면, 간혹 다소 교활한 영업 담당자는 매출할인을 사용하지 않고 판매촉진비를 사용하기도 해. 그러다 보니 고객에게 얼마를 반환하느냐에 따라 적자 판매가 되기도 하는 거야."

판매촉진비에는 현금으로 일정 금액을 반환하는 방법, 자사 제품 매출액의 일정 비율을 무상으로 제공하는 방법 등이 있다. 판매촉진비는 판매비와 일반관리비로 처리되므로 매출총이익은 변하지 않고 영업이익이 감소하게 된다.

순간, 유키는 경리부장이 "형편없는 영업을 하는 녀석들이 늘고 있군"이라고 분개했던 일이 떠올랐다.

(그렇다면 혹시?)

유키는 다시 한번 영업부장을 떠올렸다. 그가 영업부장이 된 이후로 매출총이익은 증가한 데 반해 영업이익은 늘지 않았다.

"또 한 가지는 원가계산이 잘못된 경우야."

실은 적자 제품인데도 제품원가가 실제보다 낮게 계산되어 흑자 제품으로 팔리는 경우가 있다.

유키는 문득 캐주얼웨어의 손익계산에서 마음에 걸렸던 것이 생각났다. 베트남에서 만드는 블라우스는 자수가 들어가든 안 들어가든 제품원가가 거의 같았던 것이다.

(원가계산을 잘못했으니 그동안 헛장사를 했군!)

인기 상품도 실패 상품도 아닌 제품

"다음은 인기 상품도 실패 상품도 아닌 제품을 생각해볼까?"
아즈미는 유키의 노트를 앞으로 당겨 네 개의 그룹을 적었다.

1. 판매 방법 재검토 그룹

2. 고집 그룹

3. 과잉 사양 그룹

4. 신데렐라 그룹

"판매 방법 재검토 그룹은 제품의 개념, 판매 가격의 설정, 광고 방법, 대상 고객, 판매 경로가 잘못되어 매출을 늘릴 수 없는 제품이지. 그리고 고집 그룹은 경영자가 반드시 성공시키려고 계속해서 사람과 물건, 돈을 투입하는데도 좀처럼 매출이 증가하지 않는 제품이야. 전

표 4-2

제품 분석으로 인기 상품과 이익률을 판별한다

20 : 80의 법칙

상위 20%	이익을 가져다주는 제품	판매 강화
	매출총이익률이 현저히 낮은 제품	원인 규명
중간 60%	'판매 방법 재검토 그룹' 제품의 개념, 판매가격의 설정, 판매 경로 등이 잘못된 제품	판매 방법 재검토
	'고집 그룹' 계속해서 사람과 돈을 투입하는데도 좀처럼 매출이 증가하지 않는 제품	철수
	'과잉 사양 그룹' 타깃 고객에 대해 과도한 혜택을 베푼 제품	철수
	'신데렐라 그룹' 기회를 주면 잘 될지도 모를 제품	가능성 판단
하위 20%	실패 제품	철수

혀 팔리지 않으면 어쩔 수 없이 체념을 하겠지만 그나마 조금씩 팔리기 때문에 결코 포기하지 못하는 경우지. 그 다음 과잉 사양 그룹은 타깃으로 삼은 고객에게 과도한 혜택을 베푼 제품을 말해. 당연히 제품가격은 높아질 수밖에 없지. 마지막으로 신데렐라 그룹은 지금은 전혀 팔리지 않지만 기회가 맞아떨어지면 대박이 날 제품이지."

아즈미의 설명이 끝나자 유키는 하나의 제품을 네 그룹에 적용해 보았다. 캐주얼웨어와 아동복에는 '판매 방법 재검토 그룹'에 해당하는 제품이 많을 것 같았다.

예를 들어 학생을 타깃으로 한 아웃웨어나 조부모를 주요 소비층으로 설정한 고급 아동복은 모두 회사의 콘셉트와 전혀 어울리지 않는 제품일뿐더러 사실 잘 팔리지도 않았다.

판매 경로도 재검토해야 할 것 같았다. 특히 유키는 줄곧 소매점 판매가 이익을 내지 못하고 있는 게 아닐까라는 의구심이 들었다. 게다가 자금 융통에 어려움을 겪는 소매점으로부터의 대금 회수는 언제나 늦다. 그럼에도 한나는 소매점에서 주문을 받으면 한 벌이라도 택배로 출하시킨다.

더욱이 소량 출하하는 출하운임을 증가시키는 동시에 물류센터의 업무를 혼란에 빠트리는 원인이다. 하지만 유감스럽게도 경리부가 작성하는 관리회계 자료에서는 이러한 점을 전혀 찾아볼 수 없다.

아동복 브랜드는 '고집 그룹'에 속할지도 모른다. 왜냐하면 다른 브랜드보다 제품 종류가 많은 데 반해 상대적으로 판매량이 적기 때문이다. 아동복 브랜드를 하나의 주력 상품으로 삼는 것이 유키의 꿈이기도 했다. 그 꿈을 실현하고자 유키는 아동복에 능력이 뛰어난 디자이너를 기용했다. 직원 수도 여성복보다 많았다.

하지만 지금까지의 매출은 오히려 여성복보다 적다. 게다가 타로우의 계산으로는 적자라는 결론이 나왔다. 유키는 아동복에 너무 집착을 한 나머지 이런 결과를 초래했을지도 모른다고 생각했다.

마찬가지로 캐주얼웨어도 '고집 그룹'에 해당할 것이다. 베트남 공장을 세워 어떻게든 채산성을 확보하려고 노력했다. 이를 위해 베트남 공장에서의 확정가격을 최소한으로 낮추어 이익을 늘리려고 했다. 확정가격이 낮아지면 가격경쟁력이 높아지기 때문이다. 하지만 베트남 공장의 가동률은 50퍼센트 전후로 적자에 머물고 있다. 가동률도 좀처럼 향상될 기미가 보이지 않는다. 캐주얼웨어의 채산성을 따지기 위해서는 일본은 물론 베트남 공장을 포함시켜야 하는데 그 점을 간과한 것이다.

다음은 '과잉 사양 그룹'이다. 유키는 디자이너의 사고방식으로 여성복이든 아동복이든 비용을 들이면 그만큼 좋은 물건을 만들 수 있다고 생각했다. 그리고 좋은 가격을 받으려면 비용을 들여야만 한다고 주장해왔다. 그러나 아즈미에게 지적을 받은 것처럼 판매가격은 시장에서 결정되는 것이지 비용에 따라 책정되는 것이 아니다.

'신데렐라 그룹'은 어떨까? 어쩌면 히트 칠지도 모르는 제품인데 경험이 적은 디자이너가 만들었다는 이유로 빛을 못 보는 경우도 있을 것이다. 그것을 찾아내기 위한 시스템이 필요하다.

"지금까지 설명한 것은 모두 경영에 없어서는 안 될 정보지만 ERP 시스템에서는 입수할 수 없는 정보야. 따라서 별도의 시스템이 필요하지. 하지만 컴퓨터를 사용한다 해도 모든 정보를 수집할 수는 없어. 때로는 발품을 팔아야 해."

유키는 현재 판매하고 있는 제품과 앞으로 출시 예정인 모든 제품을 머리에 떠올렸다. 지금부터라도 그 제품들을 네 개의 그룹으로 분류해 조사하고 싶은 마음이 굴뚝같았다.

"지금 즉시 호텔로 돌아가서 작업을 시작해야겠어요."

유키는 테이블 위에 테이블 냅킨을 올려놓고 일어섰다.

"그럼 나도 일어설까."

아즈미는 먹다 남은 오리 요리가 못내 아쉬웠지만 유키를 따라 엉거주춤 일어섰다.

이익이란?

이 책의 전작인 《회계학 콘서트 ①수익과 비용》에서 자세히 소개한 주제 가운데 하나
로 이익 개념이 있다. 이익은 수익(매출)에서 비용을 뺀 차액을 뜻한다. 재무회계에서의
이익은 일정 기간(1년, 4분기)의 이익(기간수익)을 가리키며, 기간수익에서 기간비용을 차
감한 값이다.

재무회계에서의 이익 = 기간수익 - 기간비용

일반적으로 수익과 비용은 각각 서로 다른 시기에 발생한다. 예를 들어 옷을 만들어 판
다고 가정해보자. 먼저 옷을 만들어 판매 활동을 한 후에야 제품이 팔리므로 비용(제품
원가, 판매비)이 선행하여 발생하고, 그 후 수익(매출)이 계상된다. '수익비용 대응의 원
칙'은 가장 먼저 그 기간의 매출액을 확정한 뒤 그 수익과 원인관계인 비용을 대응시켜
이익을 계산하는 원칙이다.

손익계산서는 판매된 제품의 매출액과 매출원가를 각기 계상하고 그 차액을 매출총이
익으로 한다. 영업부와 경리부, 인사부에서 발생한 비용은 판매비와 일반관리비로 계상
하며 매출총이익과의 차액을 영업이익으로 한다.

이 경우 재무회계로는 아무 문제가 없지만 경영 관점에서 보면 대단히 큰 문제가 있다.
그것은 비용과 수익의 대부분이 각기 발생하며 일부를 제외하고는 대응관계가 아니기
때문이다. 매출액과 매출원가는 직접적인 인과관계가 있을 것으로 보이지만 실은 그렇
지 않다.

이 장에서 아즈미는 '비용의 80퍼센트는 가치를 창출하지 않는 활동에 사용된다. 직원

도, 제품도, 기계 설비도 쓸데없는 활동에 사용되며, 자원 배분이 제대로 이루어지지 않아 생각대로 성과가 오르지 않는다'라고 지적했는데, 이는 만약 비용과 수익이 대응관계에 있다면 성과가 더 오르리라는 의미다.

수익 분석

제품이 팔렸다는 말은 회사가 만든 제품과 고객이 지급한 대금과의 교환이 성립했다는 뜻이므로 수익(매출)은 회사의 외부에서 발생한다. 따라서 수익 분석에서 중요한 점은 어떤 제품을, 어떤 고객에게, 얼마만큼 판매하고, 그 판매 활동을 통해 회사에 얼마의 이익을 가져다줬는지를 파악하는 것이다.

제품은 네 가지로 분류할 수 있다. 인기 상품이면서 이익을 가져다주는 그룹, 인기 상품인데 이익을 내지 못하는 그룹, 실패 상품 그룹, 인기 상품도 실패 상품도 아닌 그룹이다. 각 제품을 분석하여 각각에 맞는 판매 수단을 모색해야 한다.

비용 분석

비용 분석은 변동비와 고정비로 나누어 이루어진다. 여기서 중요한 점은 금액이 많은 비용에 집중해야 한다는 것이다. 재료비와 외주비가 대표적인 변동비. 이 비용의 원가절감에 효과가 있는 방법은 구입단가를 낮추는 것이다. 다음으로는 수율(생산품 중 합격품이 차지하는 비율 - 옮긴이)을 향상시키는 방법, 재료를 너무 많이 구입하지 않는 방법 등이 있다.

고정비는 회사를 유지하는 데 드는 비용이므로 고정비 절감에 가장 효과적인 방법은 활동 그 자체를 중지하는 것이다. 전혀 가치를 창출하지 못하는 활동이라면 즉시 중지해야 하지만 현실적으로는 부가가치 활동과 비부가가치 활동이 동시에 이루어지기 때문에 그리 간단한 문제가 아니다.

재단기를 예로 들면, 옷감을 재단하는 시간은 가치를 창출하고 있으므로 부가가치 활동이다. 반면 이 기계가 고장으로 멈추게 되면 그 시간 동안은 가치를 창출하지 못한다. 하지만 가치를 창출하지 않아도 유지비용은 들게 마련이다. 그래서 고정비가 된다. 작업도 이와 마찬가지다. 하루 근무시간을 8시간이라고 가정할 때, 그중 봉제 작업에 5시간, 나머지 3시간은 회의하는 데 썼다고 하자. 부가가치 활동에 소요된 시간은 5시간이고 회의에 사용한 3시간은 비부가가치 활동이다. 그렇지만 회사는 부가가치 활동이든 비부가가치 활동이든 근무시간에 대한 급여를 지급하고 있다. 따라서 회의시간도 비용에 포함된다.

전통적인 회계로는 발생한 비용 금액만을 측정할 수 있을 뿐 그 비용이 가치를 창출했는지 아닌지는 계산할 수 없다. 따라서 활동의 80퍼센트는 가치를 창출하지 못한다고 말해도 그것이 사실인지 아닌지 검증할 수 없다. 이 결함을 해결하고자 등장한 이론이 활동기준 원가계산인 ABC다.

제5장

고급 미용실과 저가 미용실,
어느 쪽이
더 많은 돈을 벌까?

프랑스 고급 레스토랑과 만두 가게

유키는 아즈미가 올 때까지 호텔 라운지에서 홍차를 마시면서 어제 배운 내용을 하나하나 되짚어봤다.

먼저 정보시스템부장이 추진해온 ERP시스템은 데이터를 통합하는 도구에 불과하다는 것! 다음으로 사람과 물건, 돈을 낭비 없이 사용하려면 기존의 업무 방식을 근본적으로 바꿔야 한다는 것! 그리고 또 하나는 회계정보를 효과적으로 사용함으로써 효율적으로 자원을 배분할 수 있다는 것이다.

그러나 정작 문제는 경영에 필요한 모든 회계정보를 ERP시스템에서 입수할 수 없다는 사실이다. 어쨌거나 경영에 필요한 정보인 이상 그것은 다른 어떤 방법을 써서라도 내 손에 쥐어야 한다.

그날 오후, 아즈미와 유키는 공항에서 에든버러(영국 북동부 포스만 남안에 있는 도시로 예전 스코틀랜드 왕국의 수도 – 옮긴이)행 버스를 탔다.

유키는 차창 너머로 보이는 풍경을 감상하며 영국과 스코틀랜드는 각기 다른 문화를 갖고 있는 나라임을 실감했다.

"어, 저건 뭐죠?"

유키는 오른쪽에 우뚝 선 거대한 건물을 보자 잠시 할 말을 잃었다. 그것은 마치 영화 〈스타워즈〉에나 나올 법한 요새 같았다.

"에든버러 성이야."

유키는 압도적인 존재감에 온몸이 움츠러들었다.

"1707년 영국과 스코틀랜드의 합병으로 수도가 런던으로 바뀌기 전까진 이 성이 정치의 중심지였지. 엘리자베스 여왕(엘리자베스 1세)의 라이벌이자 처형대에서 이슬로 사라진 스코틀랜드 여왕 메리 스튜어트도 생전에 여기서 살았고."

호텔은 에든버러 역에서 가까운 곳에 있었다. 체크인을 끝내자마자 아즈미는 식사를 하러 가자고 했다. 레스토랑에 들어가 자리를 잡은 뒤 아즈미는 스코틀랜드 비프와 훈제 연어를 주문했다. 물론 와인 주문도 빠지지 않았다.

"와인은 프랑스가 최고야. 보르도산 레드와인 샤토 데스미레일을 시켜볼까."

식사가 나오기 전에 아즈미는 유키의 노트에 변동비, 고정비라고 적었다.

"자, 어제 했던 이야기를 마저 계속할게."

유키는 몸을 앞으로 당겨 아즈미의 말에 귀를 기울였다.

"회사에서 발생하는 비용은 변동비와 고정비 이렇게 두 종류로 구

성된다고 설명한 적이 있을 거야. 기억
하지?"

"네. 매출액에서 변동비를 뺀 금액이
한계이익*이고, 그 한계이익에서 고정
비를 뺀 결과가 이익이에요."

유키는 막힘없이 술술 대답했다.

"맞아. 그때 나는 유키 양에게 장차 하나를 어떤 회사로 만들 거냐
고 물었지. 그러자 유키 양은 한계이익은 프랑스 고급 레스토랑, 고
정비는 만두 가게의 방식을 지향하겠다고 대답했어."

"네."

"그런데 아무래도 그 반대가 된 것 같군."

유키는 부끄러워 얼굴이 또 빨개졌다.

아동복은 판매가격에 비해 재료비가 차지하는 비율이 높다. 즉 한
계이익률이 낮기 때문에 고정비가 많이 드는 것이다.

"그럼 여기서 질문을 하나 할게. 한계이익이 낮은 제품을 만들어
파는 것보다 한계이익이 높은 제품을 만들어 파는 것이 과연 더 이익
일까?"

유키가 고개를 갸웃하자 아즈미는 "만들어 파는 경우야"라고 다시
한번 못을 박았다.

★ **한계이익** : 매출액에서 변동비를 뺀 금액. 변동비는 매출액의 증감에 따라 증가하거나 감소하는 비용을 말
한다.

어느 쪽이 더 많은 돈을 벌까

상품을 구입해 파는 경우에는 한계이익률이 높은 상품을 팔수록 회사 전체의 이익은 많아진다. 그렇다면 제품을 직접 제조해 판매하는 경우는 어떨까?

유키는 정보시스템부장이 정기적으로 작성하는 제품원가계산표를 떠올렸다. 확실히 제품원가★는 재료비(변동비)에 간접비(고정비)를 더해 계산되어 있었다(재료비+간접비=제품원가). 한계이익은 판매가격에서 재료비를 뺀 금액(매출액-재료비=한계이익)이므로 한계이익이 높아도 간접비가 많으면 매출총이익은 적어질 수밖에 없다(매출액-재료비-간접비=매출총이익).

다시 말해 한계이익이 높은 제품을 우선적으로 판매해도 간접비를 고려하지 않으면 매출총이익이 최대가 될지 어떨지는 알 수 없다는 것이다.

(간접비를 고려한다는 말은 어떤 의미일까?)

유키의 머릿속은 혼란스러워졌다. 아무리 생각해도 해답을 찾을

★ **제품원가** : 일반적으로 제품원가는 직접재료비에 가공비를 더한 값(제품원가=직접재료비+가공비)이다. 가공비란 제품을 만들 때 사용한 재료비 이외의 원가를 말하며 제품별로 직접 집계할 수 없는 원가다(간접비). 다른 말로 표현하면 제품을 만들면 재료비는 비례하여 증가하므로 변동비고, 가공비는 매달 거의 고정적으로 발생하기 때문에 고정비다. 다시 말해 직접비와 변동비, 간접비와 고정비는 원가를 분류하는 방법의 차이일 뿐 실제로는 거의 같은 원가로 볼 수 있다.

회계학 콘서트 ❷ 관리회계

수 없었다. 요컨대 유키는 간접비(고정비)의 본질을 아직 이해하지 못하고 있는 것이다.

유키는 초보적인 질문을 하는 자신이 너무 부끄러웠지만 용기를 내 아즈미에게 물었다. 그러나 아즈미는 유키의 질문을 무시한 채 여느 때와 마찬가지로 엉뚱한 질문을 던졌다.

"유키 양은 고급 미용실과 천 엔 커트 미용실 중 어느 쪽이 더 돈벌이가 될 거라고 생각해?"

"천 엔 커트라면 요즘 전철역이나 번화가에서 성업 중인 미용실을 말씀하시는 건가요?"

"그래, 고급 미용실에서 커트를 하려면 보통 4천 엔 정도가 드는데 거기서는 천 엔이면 충분하지."

유키는 아즈미의 질문과 간접비가 어떤 관계가 있는지 전혀 짐작하지 못한 채 해답을 찾기 위해 골몰했다.

"고객 단가가 높으니 고급 미용실이 더 돈벌이가 되지 않을까요?"

유키가 미적거리며 대답하자 아즈미는 고개를 좌우로 흔들었다.

"내 소꿉친구 이야기를 할게. 그녀는 반년 전에 고급 미용실의 간판을 내리고 천 엔 커트 미용실을 시작했지. 내가 이유를 물으니, 천 엔 커트가 더 돈벌이가 되기 때문이라는 거야."

"그런가요? 정말로요? 잘 이해가 안 되네요."

"나 역시 그랬지. 그래서 그 이유를 물었어."

아즈미는 진지한 표정으로 이야기를 계속했다.

"그녀가 말하길, 고급 미용실을 할 때는 한 사람당 커트비로 4천 엔을 받았는데 샴푸와 헤어트리트먼트 등의 재료비로 200엔이 나갔다고 하더군. 그리고 한 사람에게 60분 정도의 시간이 걸리기 때문에 기껏해야 하루에 받을 수 있는 손님이 여섯 명뿐이었다는 거야. 그런데 천 엔 커트 미용실로 바꾸자 재료비는 100엔, 한 사람에게 소요되는 시간은 10분, 손님은 하루에 40명으로 늘었다더군. 가게도 설비도 전혀 달라진 게 없으니 1개월 간접비 24만 엔은 변동이 없고. 하루에 8시간(480분) 일한다고 가정할 때, 1분당 간접비는 20엔(24만 엔÷480분=20엔)이야."

아즈미는 여기까지 이야기를 마친 뒤 굵은 만년필로 순식간에 표를 그렸다.

"잘 봐. 고객 한 사람당 한계이익은 고급 미용실이 3천 800엔인 데 반해 천 엔 커트 미용실은 900엔이야. 그러나 고급 미용실 서비스에는 커트, 샴푸에서 마사지까지(비즈니스 프로세스) 포함되어 있어서 고객 한 사람당 60분의 시간이 걸리는 셈이지. 그런데 천 엔 커트 미용실은 머리를 자르기만 하면 되니까 10분이면 충분해. 그 결과 고객 한 사람당 간접비는 고급 미용실을 할 때는 1천 200엔(20엔×60분)이었는데, 천 엔 커트 미용실로 바꾸고 나서 200엔(20엔×10분)으로 줄었어. 한 사람당 한계이익만으로 판단하면 고급 미용실이 유리하다는 결론이 나오지만 내 소꿉친구는 천 엔 커트 미용실을 선택했어.

표 5-1

고급 미용실과 천 엔 커트 미용실, 어느 쪽이 더 많은 돈을 벌까

● 고객 한 사람당 이익 계산

	구분	고급 미용실	천 엔 커트		
1	커트비	4,000	1,000	엔	
2	재료비(샴푸, 헤어트리트먼트)	200	100	엔	
3	한계이익	3,800	900	엔	1-2
4	한계이익률	95%	90%		3÷1
5	소요시간	60	10	분	
6	1분당 단가	20	20	엔	240,000÷(25일×8시간×60분)
7	고객 한 사람당 간접비	1,200	200	엔	5×6
8	이익	2,600	700	엔	3-7
9	이익률	65%	70%		8÷1

> 고객의 수는 6배 증가!

● 하루의 이익

	구분	고급 미용실	천 엔 커트		
10	고객의 수(일)	6	40	명	
11	이익(일)	15,600	28,000	엔	8×10
12	하루 영업시간(8시간×60분)	480	480	분	
13	작업시간	360	400	분	5×10
14	대기시간	120	80	분	12-13

> 이익은 2배 증가!

● 1개월의 이익

	구분	고급 미용실	천 엔 커트		
15	영업 일수(월)	25	25	일	
16	이익(월)	390,000	700,000	엔	17×25일
17	1개월간 고객의 수	150	1,000	명	16×25일
18	회수가 완료된 간접비	180,000	200,000	엔	7×10×15
19	1개월간 가게 간접비	240,000	240,000	엔	
20	미회수 간접비	60,000	40,000	엔	19-18
21	실제 이익	330,000	660,000	엔	3×17-19

> 천 엔 커트로 업무 형태를 바꾸면 고객 단가와 한계이익은 낮아지는 반면
> 한 사람당 간접비가 줄고 고객의 수가 큰 폭으로 증가해 이익은 2배가 된다

그 이유는 더 이상 말할 필요가 없겠지?"

"하루당 이익이 증가했기 때문인가요?"

유키는 아주 작은 소리로 대답했다.

"맞아. 작업시간이 짧기 때문에 고객을 많이 받을 수 있어. 그 결과 1개월의 이익은 고급 미용실을 할 때와 비교해서 2배가 됐다는 거야."

유키는 그 이론을 한나에 적용해 생각해봤다.

제품 한 벌당 한계이익이 높은 제품을 우선적으로 생산 판매해도 회사 전체의 한계이익이 최대가 되는 것은 아니다. 그 이유는 생산에 필요한 시간이 제품마다 다르기 때문이다. 한 벌당 한계이익이 높든, 생산에 시간이 걸리는 제품을 만들어 팔든 어느 쪽도 회사 전체의 한계이익이 최대가 되지는 않는다.

유키는 아즈미가 '만들어 파는 경우'라고 강조한 이유를 그제야 확실히 알 수 있었다.

"그러나 나는 그 소꿉친구에게 이렇게 말했지. '나라면 좀 비싸도 시간과 정성을 들여 커트를 해주고 샴푸까지 깨끗하게 해주는 고급 미용실을 선택할 텐데'라고 말이야."

유키는 진지한 표정으로 고급 미용실 의자에 걸터앉아 있는 아즈미를 상상하고는 키득키득 웃었다. 아즈미는 난데없는 유키의 웃음에도 개의치 않고 설명을 이어갔다.

"핵심은 시간에 있어. 고급 미용실과 천 엔 커트 미용실에서 시간을 어떻게 사용하는지를 비교해볼까."

고급 미용실을 찾는 고객은 60분 서비스에 만족하기 때문에 기꺼이 4천 엔을 지급한다. 하지만 주인의 입장에서 고급 미용실 서비스에는 커트, 샴푸, 헤어드라이어를 이용한 손질, 간단한 마사지까지 포함되므로 시간이 오래 걸린다. 그만큼 비용(간접비)도 드니까 서비스원가(제품원가)도 높아질 수밖에 없는 것이다.

반대로 천 엔 커트 미용실의 서비스는 커트뿐이다. 샴푸도 마사지도 없다. 커트는 10분이면 끝난다. 다시 말해 시간이 짧은 만큼 서비스원가에 포함되는 간접비가 낮아질 수밖에 없다. 따라서 커트비가 싸도 이익을 많이 낼 수 있는 것이다.

아즈미는 설명을 덧붙였다.

"고급 미용실이 천 엔 커트 미용실보다 이익이 적은 이유는 작업에 걸리는 시간 때문만은 아니야."

"그밖에 또 다른 이유가 있나요?"

"고급 미용실의 한 사람당 간접비는 1천 200엔(60분×20엔)이야. 1개월 동안 고객의 수를 150명이라고 가정하면 1개월에 회수되는 간접비는 18만 엔(1,200엔×150명)이 되지. 그러나 실제적으로 이 가게를 유지하기 위해 소요되는 고정비는 24만 엔이므로 실제 이익은 33만 엔(3천 800엔×150명-24만 엔)인 셈이야. 마찬가지로 천 엔 커트 미용실은 66만 엔(900엔×1천 명-24만 엔=66만 엔)이니까 1개월간 이익 차이는 더 벌어질 수밖에 없지."

유키는 왠지 자신이 숫자의 마술에 걸린 것 같은 느낌이 들었다. 하지만 계산 결과를 보면 확실히 아즈미가 말한 대로였다.

"다시 말해 이러한 차이는 시간을 사용하는 방법이 서로 다르기 때문이야."

아즈미는 고급 미용실의 이익이 적은 이유가 매출과 직결되지 않는 '너무 긴 대기시간'에 있다고 지적했다. 고급 미용실은 하루에 6명에게 360분(6명×60분)의 시간을 사용한다. 한편, 천 엔 커트 미용실은 40명에게 400분을 쓴다. 다시 말해 고급 미용실에서는 하루 480분 중 120분(480분-360분)은 전혀 가치를 창출하지 못하고 있다는 뜻이다. 그에 반해 천 엔 커트 미용실은 하루 중 가치를 창출하지 않는 시간은 80분뿐이다(10분×40명=400분, 480분-400분=80분).

가치를 창출하지 않아도 비용은 일방적으로 발생한다. 따라서 고급 미용실은 대기시간이 긴 만큼 가게의 채산성이 낮은 것이다.

"한나처럼 자사 공장에서 제품을 만드는 경우는 한계이익이 높은 제품만을 생산 판매해도 회사 전체의 이익이 최대가 되는 것은 아니야. 시간사용법을 고려하지 않으면 잘못된 판단을 내릴 수 있지."

유키는 주먹을 불끈 쥐었다.

(하루 480분을 효과적으로 사용해 한계이익을 최대화할 수 있는 방법을 찾아야 해!)

그때 웨이터가 와인과 식사를 가져왔다. 아즈미는 레드와인 샤토 데스미레일을 유키의 잔에 따라주고 자신의 잔에도

아즈미의 노트

잘못된 시간 사용은 가치를 창출하지 못하고, 잘못된 회계정보는 회사를 잘못된 방향으로 이끈다.

따랐다. 두 사람은 가볍게 건배를 한 뒤 와인을 마셨다.

유키는 불현듯 매출이 증가하지 않는 원인이 혹시 영업부원들의 잘못된 시간 사용에 있는 것은 아닐까라는 궁금증이 일었다.

"이 방식을 영업 활동에도 응용할 수 있나요?"

"물론이지. 예를 들어 설명할게. 영업 담당 A군은 9시에 출근해 회의를 마친 뒤 시내와 요코하마 직영점을 방문하지. 제품의 매출 현황과 고객의 클레임 정보를 수집한 다음 저녁 무렵 회사로 돌아와 출하지시서를 쓴 뒤 퇴근했어. 또 다른 B군은 조회가 끝난 뒤 대형 소매점에 신제품의 판로를 개척하러 갔어. 그런데 가격 면에서 좀처럼 타협이 이루어지지 않자 회사로 되돌아와 견적서를 다시 작성해서 오후에 재방문을 했지. 그러나 결국 계약은 성사되지 못했어. 그리고 또 다른 C군은 일을 땡땡이치고 하루 종일 영화를 보았어."

유키는 아즈미의 설명을 한마디라도 놓칠세라 온 신경을 집중했다.

"일반적으로 회계에서 다루는 정보는 세 명에게 든 인건비와 교통비뿐이야. 하지만 이 두 가지만으로는 세 명의 활동이 가치를 창출했는지 아닌지를 알 수 없어. 유키 양이 정말로 알고 싶은 정보를 알 수 없다는 말이지."

사실 유키는 결산서를 볼 때마다 언제나 버거움을 느끼곤 했다. 야근이 늘어나도 교통비가 증가해도 그 이유를 알 수 없었기 때문이다.

"예를 들어 C군에게 하루에 1만 엔의 인건비가 든다고 가정해봐. 그런데 C군은 일은 전혀 하지 않고 영화만 보았지. 결국 C군에게 지급한 급여는 낭비였던 셈이야. B군은 열심히 노력했지만 결과적으로는 가치를 창출하지 못한 활동에 하루를 소비한 셈이고. 이처럼 비용 중 많은 부분이 가치를 창출하지 못하는 활동에 사용되고 있어. 다시 말해 경영자원이 효과적으로 사용되고 있지 않다는 뜻이야."

유키는 아즈미가 말하고자 하는 바를 조금씩 이해하기 시작했다. 제조 부문과 판매 부문의 비용만으로는 그곳에서 이루어지는 작업자의 활동을 전혀 알 수 없다. 하지만 경영자가 알고 싶은 것은 실제 어떤 활동이 이루어졌으며 또 그 활동에 든 비용의 구체적인 정보다. 그런데 정보시스템부장도 경리부장도 이 점에 대해서는 전혀 알려고 하지 않았다.

유키는 현재 한나에서 일어나고 있는 일을 머릿속으로 정리했다. 먼저 고액 연봉을 주는 조건으로 채용한 정보시스템부장과 주거래은행 소개로 채용한 경리부장을 떠올렸다. 그 어느 쪽도 유키를 만족시키지 못했다. 즉 두 사람은 비부가가치 활동을 하고 있는 것이다. 직원들은 아동복과 캐주얼웨어는 이익을 올리고 있는 데 반해 여성복은 그렇지 못하다고 믿어 의심치 않았다. 그들은 경리부장이 작성한 브랜드별 손익계산서를 곧이곧대로 믿었다. 그러나 현실은 달랐다. 유키는 갑자기 화가 치밀었다.

"흑자를 내는 부문은 주눅이 들어 있고 오히려 적자를 내는 부문이 의기양양한 꼴이군요."

"맞아. 잘못된 회계정보는 경영자뿐 아니라 회사 전체를 잘못된 방향으로 이끌게 돼."

창 너머로 불이 환하게 밝혀진 에든버러 성이 모습을 드러냈다.

(난 이 잘못된 상황을 꼭 바로잡을 거야. 절대 지지 않아.)

유키는 맹세했다.

"자, 오늘 내 이야기가 유익했나?"

"그럼요. 선생님의 말씀은 언제나 저에게 힘을 줘요."

"그렇다면 다음에는 뮌헨에서 만날까?"

"네, 저는 언제든지 스탠바이입니다."

두 사람은 남은 레드와인을 다 마시고는 자리에서 일어났다.

가치의 의미

관리회계에서는 '가치'라는 말이 자주 나온다. 경제학에서는 가치를 '재화 및 서비스가 사람에게 유용하고 희소성이 있는 것'으로 정의한다. 또한 사용가치가 있는 재화 및 서비스는 교환가치가 있다고 말한다. 그 크기는 일정량의 재화 및 서비스를 얻기 위해 필요한 교환물(다른 재화나 화폐량 등)의 양으로 측정한다.

회계에서 사용하는 가치는 크게 두 가지로 볼 수 있다.

첫 번째는 회사가 만든 제품(재화 혹은 서비스)이 얼마에 판매됐느냐는 것이다. 다시 말해 회사(현금제조기)에서 만들어진 제품이 판매되어 다시 현금으로 바뀌었을 때의 금액을 말한다. 따라서 아무리 돈을 투자해 만든 제품일지라도 팔리지 않으면 가치가 없다고 할 수 있다.

두 번째는 고객의 만족이다. 활동기준 원가계산에서는 '이 활동은 가치가 있다' 또는 '이 활동은 낭비이며 가치를 창출하지 못한다'라는 표현을 한다. 다시 말해 고객의 시점에서 가치가 있는지 없는지를 판단한다.

예를 들어 불량품의 수정, 기계 가동을 위한 준비 절차, 거래처로 이동하는 시간, 제안 자료의 재작성, 지루한 사내 회의 등은 모두 비부가가치 활동원가다. 이들 활동에 소비된 원가를 고객에게 청구해도 어느 한 사람 기꺼이 지급하고자 하지 않는다. 이들 활동은 가치가 없기 때문이다.

Key
Point

전통적인 원가계산의 결함

전통적인 원가계산에는 여러 가지 결함이 있다.

1. 제조원가의 뒤틀림 현상

전통적인 원가계산은 이렇게 계산한다. 원재료나 제품을 소비하면 재료비, 직원이 일하면 급여, 기계나 설비를 사용하면 감가상각비, 건물을 빌리면 임차료와 같은 발생원가를 계정과목으로 바꿔 계상한다. 이 중에서 제품별로 직접 추적할 수 있는 것은(직접비) 제품별로 집계하고, 추적할 수 없는 것은 제조간접비로 일괄한 후 작업시간이나 기계 가동시간 등의 기준을 사용해 제품별로 배부한다.

제조간접비 중에는 기술 부문, 구매 부문, 생산관리 부문 등 보조 부문의 원가처럼 제조 현장의 작업량(시간)과는 관계없이 발생하는 비용이 포함된다. 따라서 전통적인 원가계산처럼 제조간접비를 작업시간을 기준으로 제품에 배부하면 제품원가는 크게 뒤틀리고 만다.

2. 제조 과정과 제조 활동을 표현할 수 없다

제조 과정에서는 재료의 구입, 가공, 조립, 대기, 검사, 수정, 포장, 출하 등의 제조 활동이 이루어진다. 제조 활동에는 가치를 창출하는 활동(부가가치 활동)은 물론 가치를 창출하지 않는 활동(수정, 대기 등과 같은 비부가가치 활동)도 있다. 경영자는 그런 활동에 원가가 얼마나 소비됐는지, 또 그 활동들은 얼마나 일어났는지, 가치를 창출하지 못한 활동 원가는 얼마인지 등을 알고 싶어 한다.

하지만 전통적인 원가계산 방식에서는 이러한 욕구를 충족시킬 수 없다. 전통적인 원가계산에는 애초에 과정이나 활동이라는 개념이 없기 때문이다.

3. 제품원가에서 활동 정보를 유추할 수 없다

재료는 제조 과정을 거쳐 제품으로 교환된다. 따라서 제품원가에는 재료비와 재료가 제품으로 교환되기까지 소비된 몇 가지 활동원가가 집계되어야 한다. 그런데 전통적인 원가계산에서는 직접재료비, 직접노무비, 제조간접비 등 발생원가를 요약한 금액만으로 표현될 뿐이다.

4. 원가를 관리할 수 없다

제품원가는 발생원가를 제품별로 합산한 것이다. 이 합산된 원가는 원래 상태로 되돌릴 수 없다. 여기서 원래의 상태란 물량으로 따졌을 때 경제가치의 소비량(재료량, 활동시간)과 그 단가(재료단가, 활동단가)로 분해한 상태를 말한다. 전통적인 원가계산은 금액으로 원가를 나타낼 뿐이므로 원가가 목표치와 비교해 높다는 사실은 알 수 있어도 그 원인까지는 파악할 수 없다.

제6장

내비게이션은
경영자의 필수품

바로 그것이 잘못되었다

정보시스템부장 가라사와는 고심에 고심을 거듭했다. 사장인 유키에게 구축 중인 ERP시스템을 포기하고 처음부터 다시 만드는 것이 좋겠다고 제안했지만 솔직히 그마저도 자신이 없었다. 그에겐 지금까지 여러 회사의 ERP시스템 도입을 성공시킨 경험이 있었다. 그러나 이번에는 왠지 생각대로 잘 풀리지 않았다.

(너무 욕심을 부린 탓인지도 몰라.)

가라사와는 지난날을 돌이켜보았다.

지금까지 성공한 사례를 보면 공통점이 있었다. 그것은 회사 업무를 ERP패키지에 억지로 꿰맞췄다는 점이다. 그 이유는 ERP패키지에 내장된 업무흐름이야말로 반드시 실현해야 할 이상적인 모습이어서 ERP패키지가 도입되면 자연히 업무도 개선된다고 확신했기 때문이다.

그리고 자신이 지금까지 관여한 업종에도 공통점이 있었다. 대부분 화학 또는 의약품 등 프로세스 계통의 제조업으로 소품종을 대량으로 또 연속해서 생산하는 회사들뿐이었다. 따라서 회사의 업무를 ERP패키지에 맞추는 일이 그리 어렵지 않았다.

그러나 한나는 달랐다. 제품의 종류가 무수히 많았다. 똑같은 디자인의 스커트일지라도 색상과 치수가 다양했다. 예를 들어 다섯 가지 색상과 다섯 가지 치수가 있다면 실제 제품 수는 25종류나 되는 셈이다. 게다가 한나는 한 시즌에 각 브랜드마다 50가지의 새로운 디자인을 발표하고 있으니 세 개의 브랜드를 합하면 3천 750종류에 이른다. 봄과 여름만 합해도 총 7천 500종류라는 계산이 나온다.

더욱이 한 개의 제품 종류당 생산수량은 고작 50벌 정도다. 전시회 때 어느 제품이 히트할지 예측할 수도 없지만, 일단 히트하게 되면 주문이 대량으로 밀려든다. 하지만 너무 많이 만들면 재고가 쌓여 결국 헐값으로 처분할 수밖에 없다. 한순간의 판단 착오로 돌이킬 수 없는 결과를 초래하는 셈이다.

가라사와는 제조부장과 영업부장, 경리부장을 몇 차례 만나 토론을 거듭한 끝에 다음과 같이 요구 사항을 정리했다. 각 부문에서 나온 요구 사항은 '업무를 재검토하지 않을 것, 현재 작성하고 있는 장부와 전표는 그대로 사용할 것, 새로운 장부와 전표를 추가할 것'이었다.

그는 그들의 요구를 보고서에 정리했다. 그 다음으로 할 일은 이 요구 사항을 실현할 수 있는 실력 있는 SI 회사를 찾는 것이었다. SI 업계에서 평판이 자자한 세 군데의 회사를 후보에 올렸다. 하지만 모두 형식적인 제안만 할 뿐 그다지 특별한 것이 없었다. 그들은 ERP패키지 작성 매뉴얼을 보여주거나 다른 회사에서 사용한 프레젠테이션 자료를 유용할 뿐이었다. 겉보기에는 그럴 듯했지만 눈길을 끄는 것은 한 가지도 없었다. 게다가 담당자는 간단한 질문에조차 제대로 대답하지 못했다.

그중 NFI의 프레젠테이션은 빛났다. 책임자들은 한나가 안고 있는 모든 과제를 일거에 해결할 수 있다고 장담했다. 더욱이 솔루션으로 자사에서 개발한 의류용 애드온소프트가 있다고 자랑스럽게 말했다. 그런 까닭에 가라사와는 이 회사에 발주하기로 결정한 것이다. 경리부장이나 사장이나 IT에 대해서는 전혀 문외한이기 때문에 반대는 있을 수 없었다.

그런데 실제로 도입 작업에 들어가자 여러 가지 문제가 생겼다. 한나의 업무가 ERP패키지와 애드온소프트에 대응하지 않는다는 사실이 드러난 것이다. 당초, 그는 한나의 업무를 ERP패키지와 애드온소프트에 맞추려고 했지만 부문장 전원이 업무 방식을 절대 바꾸지 않겠다고 강력히 저항했다. 따라서 ERP패키지를 한나의 업무에 맞출 수밖에 없었다. 정신이 아찔해지는 커스터마이즈Customize(이용자가 사용 방법과 기호에 맞춰 하드웨어나 소프트웨어를 설정하거나 기능을 변경하는 일 - 옮긴이) 작업이 이루어졌다.

그런데 바로 이 방법이 문제였다. 현장의 사정을 모두 고려한 탓에 컴퓨터시스템은 비대해졌고 업무시스템 간, 예를 들어 구매와 제조, 제조와 영업 데이터 사이에 모순이 발생했다. 그 결과 컴퓨터는 오작동을 반복하고 반응성이 저하되어 결국 멈춰버리고 말았다.

(아마 트러블의 원인은 소프트웨어의 버그에 있었을 거야. 하지만 이런 내용을 문외한인 사장에게 설명해봤자지.)

가라사와는 고민에 빠졌다.

달려라, 아우토반!

BMW 650i는 아우토반을 따라 뮌헨을 향해 질주했다. 속도계는 220킬로미터를 가리킨 채 더 이상 움직이지 않았다.

"뮌헨까지는 약 400킬로미터 정도니까 앞으로 2시간 후면 도착할 거야."

아즈미는 소풍 나온 어린아이처럼 말했다. 목적지인 뮌헨은 남부에 위치한 도시로 독일에서 세 번째로 크고 맥주와 자동차 생산지로도 유명하다. 라디오에서는 음악과 뉴스가 번갈아가며 나왔다.

고속으로 이동하면 그만큼 시간을 효율적으로 사용할 수 있다. 차는 컬링스톤처럼 도로에 착 달라붙은 채 안정된 주행을 계속했다.

유키는 기분 좋은 엔진 소리를 들으면서 시야가 확 트인 자동차 앞 유리 너머에 펼쳐진 아름다운 전원 풍경을 즐겼다.

"유키 양은 방대해진 컴퓨터시스템을 모두 처음부터 다시 만들고 싶은 거야, 아니면 남길 수 있는 건 남기고 싶은 거야?"

유키는 나폴레옹 3세와 파리 이야기를 떠올렸다.

"남길 수 있는 건 남기고 싶어요."

아즈미는 고개를 끄덕이며 핸들을 꺾어 주행 차선으로 이동했다. 그러자 후방에서 포르쉐 카레라가 굉장한 속도로 달려오더니 두 사람이 탄 차를 추월하며 앞으로 나아갔다.

"못해도 250킬로미터는 될 거야."

아즈미는 한 손으로 운전하면서 입을 삐쭉했다.

날씨가 심상치 않더니 갑자기 빗방울이 떨어지기 시작했다. 빗줄기는 점차 거세져 순식간에 폭우로 변했다. 유키는 불안해졌다. 하지만 아즈미는 속도를 120킬로미터로 줄였을 뿐 태연하게 운전을 계속했다.

"선생님은 어떻게 평상심을 유지할 수 있나요?"

아즈미는 창밖을 힐끗 바라보며 느긋하게 대답했다.

"불의의 기습을 당한 게 아니니까."

"불의의 기습이라뇨?"

"무슨 일이든 뒤통수를 맞지 않는 게 중요해. 사람은 뜻밖의 상황에 맞닥뜨리면 실수하기 쉽지만 예상한 사태라면 동요하지 않아. 경영도 마찬가지야."

아즈미는 표정 하나 바꾸지 않고 여전히 폭우 속에서 운전을 계속했다.

"그러려면 어떻게 회사를 경영해야 하나요?"

"실시간 회계정보가 있으면 가까운 미래를 예측할 수 있지. 그렇게 되면 자연히 적절한 판단을 할 수 있고."

아즈미는 말을 하면서 계기판을 가리
켰다. 거기에는 속도계, 주행거리계, 연
료 계기판, 라디오, 내비게이션 등이 있
었다.

"나는 이들 정보를 통합해 기후(경영 환
경)를 알고, 차(회사)의 위치(실태)를 알고,
폭우(돌발적인 사태)를 예측할 수 있지. 경
영에도 계기판이 필요하다는 뜻이야."

유키는 혼란스러웠다. 좀처럼 회계정보와 계기판의 관련성을 찾을
수 없었기 때문이다.

"내 말 잘 들어. 경영은 미래를 직시하고 현재를 살아가는 거야. 따
라서 경영에는 실시간 정보가 필요해. 실시간 정보를 경영계기판에
부착해야 한다는 말이지."

"……."

유키는 더욱더 혼란스러워졌다. 어리둥절해하는 유키에게 아즈미
가 물었다.

"어떤 눈을 갖고 회사를 경영해야 할까?"

유키는 아즈미에게서 배웠던 내용을 떠올렸다.

"새와 곤충, 물고기의 눈이요."

"맞아, 유키 양은 경영자로서 새의 눈으로 월별 단위의 '현금제조
기(BS)'와 '창출한 가치와 소비한 가치(PL)' 그리고 '현금흐름(CF)'을 파

악할 필요가 있어."

유키는 끝없이 펼쳐진 아우토반을 바라보면서 아즈미의 이야기에 귀를 기울였다.

"하지만 그 정보만으로는 회사에서 일어나는 일들을 속속들이 파악할 수 없지. 새의 눈으로 이상한 점을 발견했다면 그것을 돌파구 삼아 이제는 곤충의 눈으로 철저하게 그 원인을 분석해야 해. 곤충의 눈으로 봐야 할 정보는 크게 두 종류야. 첫째는 비즈니스 프로세스와 활동 정보지. 영업부와 제조부의 활동을 빠짐없이 파악해야 해. 둘째는 매출과 제품원가에 대한 정보야. 예를 들어 제품별 매출액과 매출총이익, 거기에 제품원가를 상세히 분석한 정보지."

사망진단서와 마찬가지

아즈미는 새의 눈으로 보는 정보와 곤충의 눈으로 보는 정보의 관계를 강력한 줌렌즈에 비유했다. 먼저 광각렌즈인 새의 눈으로 전체를 바라본 후 이상한 점이 발견되면 곧바로 곤충의 눈인 매크로렌즈로 바꿔 그 상세한 내용을 분석하여 원인을 규명해야 한다는 것이다.

"중요한 정보가 한 가지 더 있어. 물고기의 눈으로 보는 정보를 놓쳐서는 안 돼. 물고기는 물의 흐름에 따라 움직이면서 물이 어디로 경영인은 새의 눈과 곤충의 눈, 물고기의 눈을 가지고 있어야 한다. 높은 곳에서 전체를 파악한 후(새의 눈), 세밀한 곳을 살피고(곤충의 눈), 물이 어디로 흘러가는지(물고기의 눈)를 파악해야 한다.

흘러갈지를 읽곤 해. 그러면서 갑작스런 변화나 이상한 점을 미리 포착해 위험을 피해 가지. 이렇게 세 가지 정보를 경영계기판에 부착하는 거야."

유키는 월별결산서와 경영계기판이 어떤 관계에 있는지를 곰곰이 생각해보았다.

한나는 월별결산서를 토대로 기본 재무 3표(재무상태표, 손익계산서, 현금흐름표를 말한다 – 옮긴이)와 브랜드별 손익계산서를 작성한다. 이것은 새의 눈으로 포착할 수 있는 정보다. 그리고 제품별 매출과 원가를 상세히 분석한 자료가 곤충의 눈으로 포착할 수 있는 정보다. 그렇다면 물고기의 눈이 포착할 수 있는 정보는 뭘까? 유키는 알 수 없었다. 가만히 있는 유키에게 아즈미가 물었다.

"월별결산서는 어느 시기에 작성해야 할까?"

"당월 실적은 늦어도 다음 달 제5영업일 전까지는 파악해야 한다고 생각해요."

현재 유키가 월별결산서를 받는 시점은 익월 10일 전후다. 유키는 그 시기가 늘 너무 늦다는 생각을 하고 있었다. 늦어도 익월 첫 주까지는 당월 실적을 알아야 신속하게 의사 결정을 할 수 있기 때문이다.

그런데 뜻밖에도 아즈미는 고개를 좌우로 흔들었다.

"그건 사망진단서나 마찬가지야. 유키 양에게 필요한 것은 물고기의 눈이지."

그는 내비게이션을 가리켰다. 거기에는 지도와 자동차의 현재 위치 그리고 목적지인 뮌헨까지의 거리와 도착 예정 시각이 표시되어 있었다.

"월별 결산 정보는 가능한 한 현재의 모습을 사실 그대로 나타내는 것이어야 해. 실시간 정보가 가장 이상적이지."

아즈미는 '실시간'을 강조했다. 익월에 지난달의 월별 결산 자료가 마감된다면 과거의 모습밖에 볼 수 없다. 때문에 당월 목표를 달성하기 위한 그 어떤 수단도 강구할 수 없는 것이다.

"1개월의 업무 실적을 정리한 성적표가 월별결산서, 달성해야 할 목표치가 예산이야. 당월 목표를 확실하게 달성하려면 달이 바뀌기 전에 실적을 파악해야 해. 그러니까 유키 양의 생각처럼 당월 업적을 익월에 확인하는 건 너무 늦다는 말이지. 운전에 비유하면 목표 지점을 지나고 나서야 그 사실을 아는 것과 같아."

유키는 월별결산서가 새의 눈은 물론이요, 물고기의 눈으로도 파악해야 할 정보라는 것을 이해했다. 다시 말해 회사의 실적을 월말이 되기 전에 파악해야 한다는 것이다. 일별 또는 주별로 실적을 파악해 목표치와의 괴리를 차례차례 간파하고 목표 달성을 향해 끊임없이 엑셀을 밟아야 한다.

"잊지 마, 경영은 실시간이 되어야 해."

유키는 회계정보에는 과거의 실적을 되돌아보기 위한 정보(새와 곤충의 눈)와 현재의 상태를 나타내는 실시간 정보(물고기의 눈)가 있다는

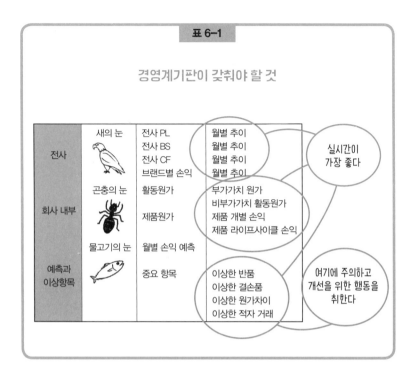

表 6-1

경영계기판이 갖춰야 할 것

전사	새의 눈	전사 PL 전사 BS 전사 CF 브랜드별 손익	월별 추이 월별 추이 월별 추이 월별 추이	실시간이 가장 좋다
회사 내부	곤충의 눈	활동원가 제품원가	부가가치 원가 비부가가치 활동원가 제품 개별 손익 제품 라이프사이클 손익	
예측과 이상항목	물고기의 눈	월별 손익 예측 중요 항목	이상한 반품 이상한 결손품 이상한 원가차이 이상한 적자 거래	여기에 주의하고 개선을 위한 행동을 취한다

것을 알았다. 따라서 경영계기판은 회사의 과거와 현재의 업적을 각 각 새와 곤충, 물고기의 눈으로 살피고 표시해야 한다.

유키는 경영계기판이 완성된 모습을 상상했다. 제품이 출하되기 전에 회사 웹에 접속한다. 패스워드를 입력하면 경영계기판이 나타 나 어제까지의 회계정보가 표시된다. 월별 예산 달성 상황도 한눈에 알 수 있다. PL의 매출액과 매출총이익을 클릭하면 인기 상품과 실 패 상품 목록이 표시되고, 공헌이익을 클릭하면 영업 담당자별 실적 이 표시된다. 그밖에 단골 거래처별 수주액, 제품별 수주액, 자금 융 통 상황, 재고 현황, 공장과 영업부의 비부가가치 활동원가가 그래프로 표시된다.

(경영계기판이 완성되면 모든 일에 즉각 대처할 수 있어!)

유키는 그제야 아즈미가 아우토반을 강의 장소로 선택한 이유를 깨달았다.

이윽고 비는 그쳤고 자동차 속도계는 또다시 200킬로미터를 넘어서고 있었다.

저녁 무렵, 두 사람은 뮌헨 호텔에 도착했다.

"유키 양이 예약한 비행기 시각까지는 6시간이 남았군."

아즈미는 자동차 열쇠를 도어맨에게 건넨 뒤 여느 때처럼 레스토랑으로 직행했다.

"뮌헨은 맥주가 맛있기로 유명하지만 화이트와인도 괜찮아."

아즈미는 어느 곳에서든지 와인을 마시려고 작정한 사람 같았다.

"도멘 바인바흐(1898년 세워진 프랑스의 포도주 회사 – 옮긴이)의 리슬링 슐로스버그를 시원하게 마실 수 있도록 부탁해요."

아즈미는 서툰 독일어로 소믈리에게 말했다. 그리고 나서 메뉴를 훑어본 뒤 화이트 소시지와 생선 뫼니에르(생선에 밀가루를 묻혀 버터로 양면을 구운 요리 – 옮긴이), 양배추 식초 절임을 주문했다.

화이트와인은 바로 나왔다. 소믈리에는 아즈미의 와인 잔에 화이트와인을 따랐다. 아즈미는 알맞게 차가운 화이트와인을 한 모금 입에 머금고 음미했다. 유키도 아즈미가 따라주는 와인을 혀 전체로 음미했다. 뭔가 복잡 미묘하면서도 고상하고 품위 있는 향기가 입 안 가득 퍼져나갔다.

"어때, 꽤 마실 만하지?"

아즈미는 한쪽 손에 와인 잔을 들고 천진난만하게 말했다.

"다음 달 강의 장소는 특별히 신경 썼어."

"어딘데요?"

"본이야."

"이곳 독일 본인가요, 아님 프랑스 본인가요?"

"부르고뉴(프랑스 중동부 지방 – 옮긴이)는 와인의 메카야. 최고의 와인을 생산하는 곳으로 와인 애호가들의 천국이지. 모처럼의 기회니까 유키 양의 어머님과 함께 오도록 해."

"제가 안 된다고 해도 어머니가 부득부득 따라오실 거예요."

유키는 쿡쿡 웃었다.

"기대되는걸."

아즈미는 기쁜 표정을 지으며 차가운 화이트와인 한 잔을 마저 비웠다.

Key
Point

경영계기판

운전자에게 도움을 주는 자동차의 계기판처럼 '경영계기판Management Dashboard'은 기업 경영자가 경영을 하는 데 필요한 정보를 제공하는 시스템을 말한다. 정보는 회계수치, 경영지표, 그래프 등의 형태로 표현된다. 경영계기판의 콘텐츠는 원칙적으로 경영자가 결정해야 한다.

경영계기판이 필요한 이유는 현재의 실적을 파악해 신속히 적절한 행동을 실행에 옮기기 위해서다. 행동은 빠르면 빠를수록 그 효과가 크다. 여기서 유의해야 할 점은 월별 결산을 아무리 일찍 서둘러도 경영자에 따라 실시간 경영이 불가능하다는 사실이다. 앞에서 설명한 세 가지 시점이 결여된 경영자라면 월별 결산 정보를 아무리 일찍 입수한들 적절한 행동으로 이어지지 않기 때문이다.

경영계기판 정보

경영계기판을 통해 회사의 실태를 파악한다는 의미는 다음 다섯 가지를 뜻한다.

① 기업 전체가 보인다.

② 기업 내부의 활동이 보인다.

③ 기업에서 발생한 문제점을 한눈에 알 수 있다.

④ 제품원가의 상세한 정보가 보인다. 해당 문제를 세부적으로 파악할 수 있다.

⑤ 문제의 개선 결과가 회사 전체의 성과에 반영됐는지를 확인할 수 있다.

다시 말해 새와 곤충, 물고기의 눈으로 회사 전체를 관찰할 수 있다는 뜻이다.

앞서 아즈미가 말한 '정보 책임'이란 이 계기판에 표시되는 정보를 명확히 해야 하는 책

임을 말한다. 경영자는 이 정보를 자유자재로 다뤄 경영을 해나가야 한다. 경영계기
판에 표시되는 정보는 기본적으로 회계정보다. 그 회계정보를 바탕으로 상세 데이터
인 업무데이터를 파악하고 나아가 업무 자체를 개선해 이익 창출을 실현해야 하는 것
이다.

제7장

낭비의 근원부터
제거해야 한다

진범을 찾아라

    정보시스템부장 가라사와는 이제 슬슬 회사에서 물러나야 할 때가 아닌가 싶어 골똘히 생각에 잠겼다. 아침에 출근하면 차가운 시선이 사방에서 쏟아지는 걸 온몸으로 느낀다. 확실히 입사 면접에서 사장에게 허세를 부린 점도 없지 않았다. 그러나 그때는 ERP시스템을 제대로 작동시킬 자신이 있었다. 실패 따위는 생각도 하지 않았다. 한나에서 해고되면 경력에 흠집이 날 것은 자명한 사실이다. 이 업계는 좁아서 나쁜 평판은 금세 소문이 난다. 어쩌면 직업을 바꿔야 할지도 모른다.

    이제 와서 실패 원인을 구구히 늘어놓는다 한들 어쩔 도리가 없다는 것을 잘 안다. 하지만 아무리 생각해도 이대로 한나를 떠나는 것은 너무나도 괴롭고 또 자신이 한심스러워진다. 확실히 실패의 책임은 자신에게 있다. 그러나 실패의 원인은 다른 곳에 있다고 생각했다.

    그는 이번 시스템 구축에 앞서 부문 책임자들의 요구 사항을 듣고

요건 정의서를 작성했다. NFI 프로젝트 책임자인 진나이는 요건 정의서를 보더니 '반드시 실현하겠습니다'라고 약속했다. 바로 그 실현수단으로 근래 가장 인기가 있는 ERP패키지와 의류업계용 애드온소프트 '어패럴팩(AP)'을 제안했다.

AP는 NFI가 개발한 것으로 의류업계 특유의 생산 방식과 판매 방식에 잘 맞고 선진적인 관리회계*도 실현할 수 있다고 장담했다. 이미 몇몇 회사에서도 도입했으며 품질 면에서도 전혀 문제가 없다고 했다. 게다가 이 시스템을 개발한 책임자는 진나이 본인이었다. 획기적인 애드온소프트를 개발한 그가 한나의 프로젝트 책임자 자리를 맡기로 했다. 정보시스템부장은 진나이를 믿고 NFI에 모든 것을 일임했다. 그런데 그런 기대는 보기 좋게 빗나가고 말았다.

(혹시….)

순간 그의 뇌리에 어떤 일이 떠올랐다. 절대 있어서는 안 될 일이지만 앞뒤를 맞춰보니 딱 들어맞는 게 아닌가. 가라사와는 수북이 쌓인 트러블 보고서를 뚫어지게 바라보면서 반드시 진범을 찾겠다고 다짐했다.

★ **선진적인 관리회계** : 전통적인 관리회계의 대부분은 1900년대 초 주로 미국의 대기업에서 만들어졌다. 한편 IT의 급속한 발전은 관리회계의 발전을 촉진시키는 원동력이 되어 1980년대 후반 이후 '활동기준 원가계산' '시간기준 원가계산' '균형성과기록표' 등의 새로운 이론이 등장했다.

빠지기 쉬운 함정

유키는 사토미와 함께 파리 리옹 역에 도착했다.

"유키야, 본에서 와인이나 실컷 마시자꾸나."

사토미는 설레는 마음을 애써 진정시키며 테제베(프랑스의 초고속 열차 - 옮긴이)에 올라탔다. 프랑스의 역들은 개표구가 없다. 기차표를 회수하지도 않는다. 그 대신 여기저기 설치되어 있는 천공기로 기차표에 구멍을 뚫으면 차내에서 승무원이 확인하는 시스템이다. 사토미는 마치 어린아이처럼 긴장하며 기차표를 천공기에 넣었다.

2시간 후, 테제베는 작은 역에 도착했다. 역사에 크게 'Beaune'이라고 새겨져 있는 그곳은 성벽으로 둘러싸인, 중세 시대의 분위기가 물씬 풍기는 시골 마을이었다.

역에서 성벽 안에 있는 호텔까지는 걸어서 20분 정도의 거리였다. 두 사람은 땀을 뻘뻘 흘리며 돌계단 길을 걸었다. 마을에는 좁고 구부러진 길이 얼기설기 엉켜 있었고 그 길을 소형자동차들이 천천히 달렸다. 마을 중심에는 아담한 광장이 있고 맞은편에 본의 상징인 호텔 듀('신의 숙소'라는 뜻 - 옮긴이)가 보였다. 그곳은 본래 14세기 무렵, 가난한 사람들을 위한 병원으로 세워진 건물이다.

호텔에 짐을 풀고 난 뒤 마을 여기저기를 산책했는데 가는 곳마다 와인 상점과 와인 바가 나란히 있었다. 대낮인데도 많은 사람이 와인을 즐기는 중이었다.

"그래 바로 이거야!"

사토미는 아즈미가 이곳을 강의 장소로 선택한 이유를 알아챘다. 약속시간이 아직 3시간 정도 남았기에 두 사람은 가이드북에 실려 있는 와인 공장을 방문하기로 했다.

공장은 좁은 마을에는 어울리지 않게 넓은 부지에 세워져 있었다. 입구에서 10유로를 내고 동굴처럼 컴컴한 창고로 들어갔다. 안은 소리가 사라진 침묵의 세계였다. 통로 양옆에서는 수만, 수십만 개의 와인 병이 조용히 잠자고 있었다. 두 사람은 희미한 촛불에 의지해 조금씩 앞으로 나아갔다.

그때였다. 사토미가 "앗!" 하고 비명을 질렀다. 유키가 깜짝 놀라 뒤를 돌아보니 거기에 덥수룩한 머리의 아즈미가 서 있었다.

"유키 어머니 그리고 유키 양, 모두 건강해 보이는군요."

"선생님. 저는 심장이 약해요."

사토미는 뾰로통했다.

"엄마가 언제부터 심장이 약했어요?"

유키는 엄마를 향해 호호 웃었다.

세 사람은 어두컴컴한 통로를 지나 와인을 시음할 수 있는 곳으로 갔다. 그곳에는 이 회사 네임플레이트를 목에 건 젊은 금발머리 여성이 서 있었다. 그녀는 아즈미를 보더니 반갑게 인사를 했다.

"아즈미 님, 오랜 만에 뵙네요."

"아, 조세핀 양. 그동안 잘 지냈나요?"

아즈미는 그 여성과 프랑스어로 두세 마디 이야기를 나누고 유키와 사토미를 소개했다.

"예전에 이 회사 컨설팅을 한 적이 있거든. 그녀에게 맛있는 와인을 추천해달라고 부탁했어."

한쪽에 목제 테이블과 의자가 놓여 있었고 세 사람은 그곳에 앉았다. 잠시 후, 조세핀이 창고 안쪽에서 조심스럽게 와인을 가져왔다. 세 사람에게 라벨을 보여준 뒤 소믈리에 나이프(소믈리에가 쓰는 와인 병따개 – 옮긴이)를 사용해 익숙한 솜씨로 코르크 마개를 땄다. 그러고는 은빛의 와인 시음기에 따랐다. 그것은 이 회사에서 생산하는 최고급 레드와인이었다.

"코르통 그랑 크뤼입니다."

아즈미와 사토미는 입가에 환한 미소를 띠며 와인 맛을 음미했다. 두 사람이 시음을 마치자 유키는 핸드백에서 A4 용지에 정리한 회계 자료를 꺼내 아즈미에게 건넸다. 그것은 경리부가 매월 작성해서 올리는 원가계산표였다(표 7-1).

아즈미는 흔들리는 촛불 아래서 자료를 훑어봤다.

"아무래도 제 생각에는 제품원가가 올바르게 계산되어 있지 않은 것 같아요."

유키가 디자이너였을 때 제품원가는 봉제사양서를 토대로 계산했다. 사양서에는 제품 한 벌당 재료(옷감과 부속부품)의 사용량, 재단과 봉제에 소요된 시간이 기록되었다. 그리고 여기에 재료단가와 가공단가를 곱하여 제품원가를 계산했다.

표 7-1	

경리부장이 작성한 원가계산표

과목	금액
직접재료비 ①	2,700엔
직접노무비 ②	500엔
제조간접비 ③	1,050엔
제품원가(①+②+③)	4,250엔

그런데 다마루가 경리부장이 된 후로는 제품원가를 '원가계산기준'에 근거하여 계산하기 시작했다. 하지만 유키는 그 계산 방식을 도저히 이해할 수 없었다. 아무리 이리저리 계산을 해도 제품원가가 이상하게 나오기 때문이었다.

좋은 예가 아동복이다. 원가가 너무 낮았다. 그럼에도 경리부장은 "이 계산 방식은 관리회계에 전혀 문제가 없습니다"라고 우길 뿐이었다. 유키는 경리부장이 왜 그렇게 자신만만한지 그 이유를 전혀 알 수 없었다.

"경리부장은 제 의견에 귀를 기울이지 않아요. 제가 뭔가 잘못하고 있는 건가요?"

유키에겐 경리부장에게 반론할 만한 회계 지식이 없었다. 그러나 제조 현장을 보면 경리부장이 계산한 원가로는 도저히 아동복을 만들 수 없다는 것쯤은 누구나 알 수 있었다.

"한나의 경리부장은 회계 규칙에 따랐기 때문에 원가계산이 틀릴 리 없다고 확신하는 거야. 업무를 잘 모르는 경리 담당자가 빠지기 쉬운 함정이지."

> ### 아즈미의 노트
> ─────────────
> 회계는 규칙 위의 종합적 가상세계다. 그러므로 경리 부서에서 실시하는 원가계산 결과가 반드시 사실을 나타내는 것은 아니다. 원가계산은 설계도를 꼼꼼히 보고 현장에서 물건과 시간을 일일이 종합한 뒤 계산해야 얻을 수 있다.

유키는 '회계란 규칙 위의 종합적 가상세계'라는 사실을 떠올렸다. 그러므로 경리부가 실시하는 원가계산 결과도 반드시 사실을 나타내는 것은 아니다.

"정확한 제품원가는 설계도를 꼼꼼히 보고 현장에 가서 물건과 시간을 일일이 종합한 뒤 계산해야 얻을 수 있는 거야. 공장에 한 번도 가보지 않고, 제조에 관한 업무 지식도 전혀 없는 경리 담당자가 원가계산을 정확히 하기란 불가능하지."

아즈미는 와인을 또 한 모금 마셨다.

(어떻게 하면 납득할 수 있는 제품원가를 계산할 수 있을까?)

유키는 다른 방책을 열심히 생각해봤지만 예전 방식에서 맴돌 뿐이었다.

원가를 계산하는 이유는 뭘까

아즈미는 은빛의 와인 시음기에 담긴 코르통 그랑 크뤼를 훌쩍 마시고선 유키에게 물었다.

"원시적인 질문인데, 유키 양은 제품원가가 왜 필요하다고 생각하지?"

유키는 순간 당황해서 얼른 대답이 떠오르지 않았다.

"이익을 알고 싶어서겠죠"라고 말한 사람은 유키의 어머니였다.

"맞습니다. 잘 알고 계시네요. 정말."

아즈미는 호들갑스럽게 유키의 어머니를 칭찬했다. 사토미는 어깨를 들썩하며 빙그레 웃었다.

"별로 어렵지 않은 질문이에요. 이 와인 역시 제조원가를 모르면 이익도 알 수가 없잖아요."

유키는 샘이 나서 반론을 펼쳤다.

"하지만 엄마, 이 회사는 포도로 와인을 만들고 있기 때문에 와인의 제품원가를 계산하는 일이 그리 간단하지 않아요."

아즈미는 그런 두 사람을 흐뭇한 표정으로 바라보다가 천천히 입을 열었다.

"두 사람 말이 모두 옳아요. 제품별 이익을 알려면 제품별 판매가격과 원가를 알아야 하지. 판매가격은 기본적으로 시장에서 결정되지만 제품원가는 계산해보지 않으면 알 수가 없어. 그러나 유키 양의 지적대로 제품원가를 계산하는 일은 쉽지가 않아. 뿐만 아니라 계산 방법도 다양하고, 어떤 방법을 쓰느냐에 따라 제품원가도 달라져. 결과적으로 제품원가가 변하면 이익도 변해버리지."

유키는 노트에 메모를 하면서 진지하게 귀를 기울였다.

"다시 말해 원가계산을 하는 목적은 제품별로 올바른 이익을 계산하는 데 있어. 그러나 계산 방법에 따라 이익이 변하기 때문에 관계자 모두가 납득하는 원가계산 규칙을 사내에서 만들어야 해."

유키는 옳은 말이라고 생각했다. 문제는 경리부장이 계산한 결과를 납득할 수 없다는 것이었다. 왜 납득할 수 없는 걸까? 유키는 고민에 빠졌다.

"힌트를 줄게. 여기에 잘 팔리는 양복이 있어. 하지만 계산해본 결과 적자였어. 자, 유키 양이라면 어떻게 할까?"

"제품원가를 낮추도록 노력하겠어요."

유키는 자신 있게 대답했다.

"그렇겠지. 하지만 경리 부서에서 계산하는 제품원가를 근거로 원가절감을 실현하기는 매우 어려워. 어디부터 손대야 할지 실마리조차 찾기 어려울 거야."

바로 그랬다. 그래서 납득할 수가 없었던 것이다.

이것으로 원가계산을 하는 목적이 정

> ### 아즈미의 노트
>
> 원가계산을 하는 목적은 제품별로 올바른 이익을 계산하는 데 있다. 그러나 계산 방법에 따라 이익이 변하기 때문에 공통적으로 납득할 수 있는 원가계산 규칙을 만들어야 한다.

리됐다. 첫 번째 목적은 제품별 이익을 알기 위해서다(이것을 알면 어떤 제품의 매출을 늘려야 회사 전체의 이익이 증가하는지도 알 수 있다). 두 번째 목적은 원가가 높은 제품을 찾아내 그 원인을 밝히고 원가를 낮추기 (원가관리) 위해서다.

유키는 경리부장의 말이 떠올랐다.

"이 원가계산 자료를 만들기 위해 경리부는 매일 야근을 하고 있습니다."

그러나 그만큼 비용을 들여 만든 자료일지라도 경영에 아무런 도움이 되지 않는다면 낭비일 뿐이다.

유키는 한숨을 길게 내쉬었다.

원가계산 방법

이제 중요한 과정에 접어들 차례다. 유키는 재빠르게 물었다.

"어떻게 하면 이 두 가지 목적을 달성할 수 있을까요?"

"제품을 만드는 절차에 따라 원가를 합산하면 돼."

아즈미는 코르통 그랑 크뤼 와인 병을 오른손에 들었다.

"와인 제조 과정을 예로 들어볼까. 먼저 수확한 포도를 압착하여 즙을 내 발효시킨 뒤 탱크나 통에 넣어 숙성시키지. 그런 다음 침전

물을 제거하고 와인 병에 담아 보관하는 과정을 거쳐. 따라서 이 와인의 원가는 포도와 와인 병 등의 재료비, 와인으로 탄생하기 위해 통과한 압착, 발효, 숙성, 침전물 제거 과정에 소요된 모든 원가를 집계한 것이야."

유키는 그 말을 전부 노트에 받아 적었고, 사토미는 존경심이 담긴 눈을 둥그렇게 뜨고 아즈미를 응시했다.

"제품원가는 수량과 단가로 구분해서 집계해야 원가관리에 사용할 수 있어."

아즈미는 유키의 노트에 원가계산표를 순식간에 그렸다.

"예를 들어 옷의 제품원가는 옷감과 부속부품 등의 재료비와 재단,

표 7-2

아즈미가 생각하는 원가계산표

구분		필요량	단위	단가	원가
직접재료비	옷감	1	m	1,000엔	1,000엔
	레이스	50	cm	10엔	500엔
	단추	5	개	200엔	1,000엔
	지퍼	1	개	200엔	200엔
	소계				2,700엔
활동원가	재단	10	분	60엔	600엔
	봉제	20	분	50엔	1,000엔
	검사	5	분	50엔	250엔
	소계				1,850엔
제품원가					4,550엔

봉제, 검사 등에 소요된 활동원가(제품원가=재료비+활동원가)로 구성되어 있어. 다시 말해 ①재료비는 옷감과 부속부품의 사용량과 단가 ②재단비는 재단에 사용한 시간과 단가 ③봉제비는 봉제시간과 단가 ④검사비는 검사시간과 단가처럼 요소별로 분류하여 원가 데이터들을 합산하는 거야."

재료비가 높다는 말은 옷감과 부속부품의 사용량이 봉제사양서에 규정된 수량보다 많았거나 재료 단가가 올랐기 때문이다. 그리고 사용량이 많다는 말은 재단 실수나 봉제 실수로 옷감을 필요 이상으로 많이 사용했다는 뜻이다. 봉제비가 너무 많이 드는 이유는 예상보다 봉제 작업에 시간이 많이 걸렸기 때문이다. 또는 인건비 등이 상승해 봉제 공정에 대한 시간 단가가 올랐기 때문일 수도 있다.

이처럼 금액을 물량(또는 시간)과 단가로 나눠야 원가관리를 할 수 있다. 다시 말해 곤충의 눈으로 정보를 꼼꼼히 수집하고 관찰해야만 원가관리를 할 수 있는 것이다.

목적이 다른 원가계산

"그렇다면 경리부에서 작성하는 원가계산 자료는 전혀 의미가 없다는 말인가요?"

"의미가 없다기보다는 목적이 다르지."

"목적이 다르다고요?"

아즈미는 또 이해할 수 없는 말을 했다.

"경리부장은 1개월 또는 1년 단위 등의 기간이익을 계산하기 위해 원가계산을 하는 거야."

아즈미는 고개를 돌려 코르통 그랑 크뤼를 맛있게 마시는 사토미에게 말을 걸었다.

"유키 양의 어머니는 가계부를 쓰고 있습니까?"

"적고는 있지만, 어디까지나 주먹구구예요."

사토미는 나이에 어울리지 않게 부끄럽다는 표정으로 대답했다.

"일일이 가계부를 쓰지 않아도 월말에 현금통장을 보면 사용한 금액은 대충 알 수 있어요."

"그래서 엄마가 돈을 모으지 못하는 거예요."

유키가 핀잔을 주었다.

"그 말이 맞습니다. 유키 양 어머니."

아즈미는 그 이유를 유키에게 설명했다.

"1개월 동안 사용한 금액은 전월말 예금 잔액에 당월 수입을 더하고 거기에서 월말 예금 잔액을 빼면 계산할 수 있어. 이와 마찬가지로 당월에 완성한 제품원가는 전월말 재공품(在工品, 제조 중에 있는 제품) 원가에 당월에 발생한 원가를 더하고 월말 재공품 원가를 빼면 계산할 수 있지(당월 완성품 원가=전월말 재공품 원가+당월에 발생한 제조원가-월말 재공품 원가). 이 월말 재공품의 원가를 계산하는 방식이 하나의 경리부장이 말하는 원가계산인 거야."

유키는 허탈한 표정을 지으며 물었다.

"경리부장이 뭔가 대단한 일인 양 떠들어댄 게 고작 그 정도의 일이었단 말인가요?"

"맞아. 경리부는 그와 같은 일에 많은 시간을 들이고 있어. 공장의 실태나 제품원가의 실제 내용도 모르면서 말이야."

생애이익

아즈미는 와인 병을 가리키며 말했다.

"이 와인은 충분한 개별이익을 올리고 있고 또 1개월 동안의 매출도 호조여서 기간이익을 내고 있다고 가정해봐. 그러나 2002년에 만들어진 이 코르통 그랑 크뤼가 정말로 회사에 이익을 가져다주는지는 실제로 알 수가 없어."

(무슨 뜻이지?)

유키는 또 머리가 혼란스러워졌다.

"이 와인의 진정한 이익은 포도 수확에서 현재에 이르기까지 소요된 모든 비용과 이 와인이 출시된 후부터 현재까지의 매출액과의 차액이라고 해도 좋아. 이것을 '생애(라이프사이클)이익'이라고 하지. 이

와인은 어쩌면 적자일 수도 있어. 물론 올해 만들어진 와인이 적자일 리는 없지만 말이야."

아즈미는 그렇게 말하며 빙긋 웃었다. 하지만 유키는 할 말을 잃었다. 아즈미가 말한 내용과 똑같은 상황을 경험했기 때문이다.

작년, 캐시미어 스웨터가 대히트를 쳤다. 판매가격을 비교적 높게 설정했기 때문에 출시 초기의 이익은 나무랄 데가 없었다. 영업부는 기회다 싶어 공장에 추가 발주를 했다. 그러나 구매부가 고급 캐시미어 원단을 대량으로 구입하자마자 매출이 딱 멈추더니 재료와 팔다 남은 제품의 재고가 창고에 넘쳐나기 시작한 것이다. 그럼에도 월별 결산을 해보니 이익이 발생했다.

하지만 경리부장은 임원회의에서 "이번 달은 이익이 발생했지만 자금 사정이 여의치 않아 보너스는 많이 지급할 수 없습니다"라고 설명했다. 영업부원들은 "갖은 노력을 다해서 예년에 비해 매출을 크게 늘렸는데 왜 제대로 평가해주지 않는 겁니까?"라고 불만을 터트렸다.

(개별이익도 기간이익도 흑자였는데 생애이익이 적자였던 거야.)

유키는 '생애이익도 경영에서 빼놓을 수 없는 정보다'라고 노트에 적었다.

"아즈미 님. 죄송하지만 이제 폐점할 시간입니다."

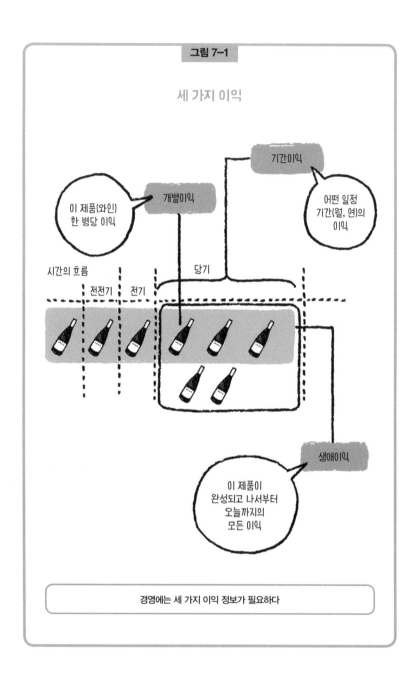

그림 7-1

세 가지 이익

기간이익

개별이익

이 제품(와인)
한 병당 이익

어떤 일정
기간(월, 연)의
이익

시간의 흐름

당기

전전기   전기

생애이익

이 제품이
완성되고 나서부터
오늘까지의
모든 이익

경영에는 세 가지 이익 정보가 필요하다

조세핀이 다가와 아즈미에게 말했다.

"벌써 시간이 그렇게 됐나? 다음 이야기는 저녁 식사로 부르고뉴 요리를 먹으면서 하자고. 에스카르고(프랑스 요리에 쓰는 식용 달팽이 – 옮긴이)와 뵈프 부르기뇽(소고기, 양파, 버섯 등을 레드와인으로 조리한 음식 – 옮긴이)의 맛은 일품이야."

아즈미는 의자에서 일어서며 호텔 근처에 있는 레스토랑의 이름을 알려주었다.

"7시 무렵에 만날까?"

어디에 얼마나 있는지
알 수 없다면

해가 지기 시작할 때 유키와 사토미는 레스토랑에 도착했다. 아즈미는 이미 레드와인을 마시고 있었다. 그는 겸연쩍은 웃음을 지었다.

"원고를 끝내고 나니 왠지 모르게 술 생각이 간절해져서 말이야."

"맛있어 보이는 와인이네요."

사토미는 아즈미에게 와인의 이름을 물었다.

"샹베르탱입니다. 본과 디종 사이에 있는 코트 드 뉘 지방에는 포도밭이 무척 많은데, 그중에서도 이 와인은 최상의 포도밭에서 수확한 포도로⋯."

아즈미의 설명은 끝없이 이어졌다.

"선생님, 설명은 그만하고 어서 와인을 따라주세요. 말보다는 실천이 더 중요하니까요."

사토미는 더 이상 참지 못하고 와인 잔을 앞으로 내밀었다.

"아, 실례."

아즈미는 손을 가볍게 이마에 댄 뒤 샹베르탱을 사토미의 잔에 따랐다. 그런 다음 유키의 잔에도 와인 병을 기울였다.

"잠깐만요. 전 술을 마시기 전에 제 생각에 문제가 없는지 조언을 듣고 싶어요."

아즈미의 손이 일순 멈추었다. 유키는 핸드백에서 노트를 꺼내 아즈미에게 건넸다. 거기에는 그림이 그려져 있었다.

유키는 이번 여행에서 한나가 안고 있는 모든 문제를 한꺼번에 해결하겠다고 단단히 결심한 바였다.

"여성복과 아동복은 후지 공장에서 만들고 있어요. 모든 옷은 똑같은 기계와 똑같은 직원이 재단하고요. 그리고 봉제 작업은 각각의 라인에서 각각의 직원이 맡아요. 완성된 제품은 아이치현 도요하시에 있는 물류센터에 집하되고요. 후지에서도 가깝고 일본의 중심에 있어서 여길 물류 거점으로 정했어요. 베트남에서 만든 제품도 도요하시항에 도착하면 배에서 육지로 옮겨진 뒤 여기에 보관돼요."

아즈미는 눈을 감고 팔짱을 낀 채 유키의 이야기에 귀를 기울였다.

"제품은 후지 공장과 물류센터, 직영점에 보관되어 있어요. 영업부

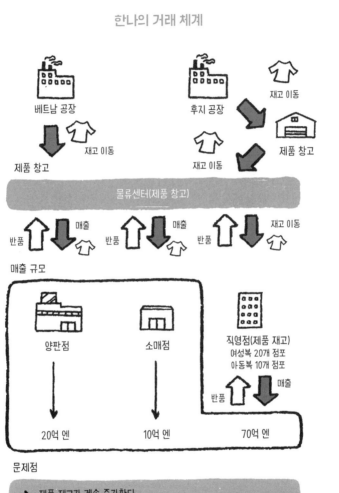

그림 7-2

한나의 거래 체계

베트남 공장

재고 이동

제품 창고

후지 공장

재고 이동

재고 이동

재고 이동

제품 창고

물류센터(제품 창고)

반품　매출　　반품　매출　　반품　재고 이동

매출 규모

양판점

소매점

직영점(제품 재고)
여성복 207개 점포
아동복 10개 점포

반품　매출

20억 엔

10억 엔

70억 엔

문제점

➔ 제품 재고가 계속 증가한다
➔ 물류비용이 많이 든다
➔ 반품이 많다

에서 출하 지시가 떨어지면 제품은 물류센터에서 직영점과 소매점, 양판점(대량으로 상품을 파는 대형 소매점 - 옮긴이)으로 출하돼요. 직영점은 홋카이도에서 오키나와까지 두루 있어요. 여성복 전문점이 20개, 아동복 전문점이 10개예요. 여성복과 아동복 모두 매출액의 70퍼센트는 직영점, 나머지는 소매점에서 올리고 있어요."

유키의 설명은 계속됐다.

"다음은 캐주얼웨어인데, 베트남 호치민시 교외에 있는 자회사에서 만들고 있어요. 옷감과 부속부품은 일본에서 보내고 한나는 공임만 지급해요. 완성품은 배로 운반되어 도요하시 물류센터에서 보관해요. 주요 고객은 양판점이고요."

유키는 물을 한 모금 마셨다. 그리고 심호흡을 크게 하고선 다시 설명하기 시작했다.

"그런데 ERP시스템을 도입하고 나서 제품 재고가 더 늘어났어요. 정작 당황스러운 것은 찾고자 하는 제품이 현재 어디에, 얼마나 있는지 알 수 없다는 거예요."

"정보시스템부장과 NFI의 프로젝트 책임자는 뭐라고 하던가?"

듣기만 하던 아즈미가 물었다.

"ERP패키지는 완벽하다며 입력 실수가 있었을 거라고 마치 남의 일처럼 말하는 거예요."

"쯧쯧, 그것 참."

아즈미는 측은한 눈빛으로 유키를 바라보았다.

"그밖에 다른 문제점은 없나?"

"고객의 동향을 알 수가 없어요. 직영점의 경우는 고객의 소비 성향을 알 수 있는데, 소매점과 양판점의 판매현황은 전혀 파악할 수 없으니까요. 어떤 제품이 잘 팔렸고 어떤 계층이 구입했는지 전혀 알 수가 없어요. 따라서 재고는 점점 증가하고 있고요."

한나의 고객은 직영점에서 옷을 직접 사는 개인 소비자와 한나의 옷을 팔아주는 소매점, 양판점이다. 소매점과 양판점 입장에서는 재고를 갖고 있는 것 자체가 몹시 위험한 일이다. 팔리지 않으면 그만큼 손해를 보기 때문이다. 따라서 어떻게 해서든지 재고를 줄이려 한다. 그 결과 꼭 주문해야 할 상황이 아니면 발주하지 않는다. 그런 까닭에 영업부는 갑작스러운 주문에 대응하고자 소매점과 양판점의 주문을 미리 예측하여 재고를 넉넉하게 보유하고 있는데, 바로 이 재고가 한나의 경영을 압박하는 것이다.

"직영점은 전월의 판매 실적을 토대로 제품별로 당월의 판매 계획을 세워요. 이 계획 판매량을 ERP시스템에 입력하면 컴퓨터는 재고를 조사해 필요한 재료만을 발주하고 또 필요한 만큼만 제품을 생산하도록 지시해요."

유키는 요리에 전혀 손도 대지 않고 이야기를 계속했다.

"양판점의 경우 원칙적으로는 고객이 주문서를 보내야 하는데 실제로는 구매 담당자의 전화 한 통으로 끝나는 경우가 다반사예요. 이는 정상적인 절차를 밟은 발주가 아니므로 한나에서 제품을 만들어 납품했을 때 양판점에서 인수하지 않는 일이 종종 생기죠. 또 소매점에도 문제가 있어요. 위탁판매계약이어서 팔다 남은 재고품은 계절이 바뀔 때마다 대량으로 반품되거든요. 그 때문에 이익을 유지하던 월별 결산이 한순간에 적자로 돌아서는 경우도 드물지 않아요."

나쁜 일은 영원히 반복된다

에스카르고가 테이블 위에 놓였다. 아즈미는 다코야키의 철판과 비슷한 그릇에 들어 있는 에스카르고를 한 개씩 꺼내 입에 넣었다. 사토미도 눈 깜짝할 사이에 먹어치웠다. 유키는 침을 꿀꺽 삼키고는 이야기를 계속했다.

"그리고 또 막대한 물류비용이 발생하고 있어요. 물류비용에는 항구 및 공장에서 물류센터로, 물류센터에서 직영점, 양판점 및 소매점으로의 출하, 그리고 직영점 간 재고 이동으로 발생하는 운송비가 포함돼요. 하지만 경리부는 운송회사에서 보내온 청구서를 토대로 '출하운임'으로 분류해 판매비로 계상해버려요."

"그건 너무했군."

아즈미는 에스카르고와 씨름하며 대꾸했다.

"그래서 타로우라는 직원에게 브랜드별로 물류비용을 조사하도록 했어요. 그 덕분에 청구서와 재고 이동에 관련된 전표를 꼼꼼히 살펴볼 수 있었고, 꽤 정확한 출하운임을 파악할 수 있었어요."

"그 결과 무엇을 알게 됐지?"

아즈미는 포크를 테이블 위에 올려놓고 만족한 표정으로 유키를 바라보았다.

"물류센터에서 소매점으로 반출하는 데 드는 출하운임이 너무 많았어요. 소매점에서 소량 주문을 많이 했기 때문이었죠. 특히 아동복은 한 벌 단위로, 게다가 특급배송을 원하는 주문이 많았고 그렇게 출하운임뿐만 아니라 발송 업무에 따른 인건비도 증가한다는 사실을 알게 됐어요."

"드디어 물류비의 내용을 알게 되었군."

아즈미는 마지막 남은 에스카르고를 입에 넣었다. 유키는 그 마지막 에스카르고를 바라보며 침을 꿀꺽 삼켰다.

"타로우에게 물류비용을 브랜드별과 단골 거래처별로 집계하도록 추가로 지시했어요. 그것이 완성되면 회사의 실태가 더 분명해질 거예요."

"유키 양은 물류비용을 컴퓨터로 관리할 생각인가?"

"그럼요. 다른 방법이 있나요?"

유키는 의아스러운 표정을 지으며 대답했다.

"그거야말로 컴퓨터가 잘하는 작업이긴 하지만 데이터를 아무리 상세히 수집한다 해도 그게 하나의 경영에 꼭 도움이 된다는 보장은 없어."

"어째서죠?"

유키는 아즈미의 말을 제대로 이해하지 못했다. 회사의 실태를 곧

충의 눈으로 상세히 파악하는 일은 한나의 실적 개선에 도움이 되는 일이 아닌가 하는 생각에서였다.

"수작업이 더 좋다는 말씀인가요?"

"글쎄. 유키 양의 머리로 생각해봐."

아즈미는 숙제를 내주고는 레드와인을 한 모금 마셨다.

"생각해볼게요. 그런데 매출에 대해서도 이해할 수 없는 부분이 많아요."

유키는 경리부장이 작성하는 회계자료에 불만이 많다는 표정으로 아즈미에게 호소했다.

"어느 거래처에서 반품됐는지는 알 수는 있으나 언제 반품됐는지, 또 어떤 제품이 반품됐는지는 지금의 회계시스템으로는 알 수가 없어요."

"그것에 대해 경리부장은 뭐라고 했지?"

"경리부에서 다룰 문제가 아니라고 했어요."

"경리부장이 틀린 말을 한 건 아니지만, 확실히 관리회계를 잘 모르고 있어."

아즈미는 한숨을 내쉬었다.

"그런데 어떤 판매 경로에서 반품이 가장 많았지?"

"양판점과 소매점에서요. 특히 환절기에는 양판점에서 옷 박스를 뜯어보지도 않은 채 반품하는 경우가 있어 속이 상해요."

유키의 말에 귀 기울이며 고개를 끄덕이던 아즈미의 표정이 어느덧 굳어졌다.

"원인은 담당자의 구두 발주와 위탁판매계약에 있는 것으로 판단되는군. 이처럼 잘못된 영업 방식을 바로잡지 않으면 그러한 반품 사례는 영원히 반복될 수밖에 없어."

문제를 정리하라

유키는 이와 같은 불합리한 일이 반복되는 이유를 생각해보았다. 해답은 이미 나와 있었다. 양판점의 구입 담당자가 재고 위험을 한나에 떠넘기고 있기 때문이다. 정식으로 발주하지 않으면 인수를 거부할 수 있다. 소매점도 위탁판매를 계속하는 한 재고 위험은 없다. 따라서 단골 거래처의 구매 담당자는 손해볼 게 없다는 생각으로 발주를 하는 것이다.

그뿐만이 아니다. 한나의 영업 담당자가 매출액으로 평가받는 것도 불합리한 방식 중 하나다. 영업 담당자는 단골 거래처와 담합해서라도 매출을 늘리고 싶은 것이다. 언제나 대량의 제품이 보너스가 책정된 후에야 되돌아온다. 손해를 보는 것은 오로지 한나뿐이다. 그 누구도 책임을 지지 않는다.

(이래서는 이익이 나올 리 없어.)

유키는 문제의 핵심을 노트에 기록했다.

1. 제품 재고가 계속 증가한다

2. 물류비용이 필요 이상으로 많이 든다

3. 반품이 많다

"컴퓨터시스템을 만들어도 이 문제는 해결되지 않아. 낭비를 없애려면 그 근원을 차단해야 해."

"컴퓨터를 사용해 관리하는 일도 낭비라는 의미인가요?"

"맞아. 쓸데없는 활동을 관리하는 것만큼 어리석은 짓도 없어. 가장 먼저 일하는 방식을 바로잡아야 해. 확정 발주가 아니면 출하하지 말고 위탁판매를 재검토하며, 관리회계 특히 책임회계시스템을 구축해야 해. 이를 실현하면 회사는 심플해질 거야. 컴퓨터시스템에 과도하게 투자할 필요도 없어지고."

유키는 정보시스템부장이 "재고와 출하운임, 반품에 너무 집착했습니다"라고 했던 것과 아즈미가 "데이터를 아무리 상세하게 수집한다 해도 경영에 꼭 도움이 된다는 보장은 없어"라고 했던 것을 다시 한번 곰곰이 생각했다. 해답은 분명했다. 낭비의 근원을 제거하는 것이 급선무였다.

후식으로 아이스크림이 나왔다.

"유키 양, 이제 해결의 실마리를 찾았나?"

아즈미는 아이스크림을 낼름 먹어치

> **아즈미의 노트**
>
> 기업에는 보이는 낭비, 보이지 않는 낭비가 많다. 이 낭비를 없애려면 그 근원을 차단해야 한다. 중요하지 않은 일을 컴퓨터를 사용해 처리하는 일도 낭비다. 낭비를 없애는 가장 좋은 방법은 구조를 바로잡는 것이다.

웠다. 유키도 아이스크림을 입에 넣었다. 라임처럼 상큼한 맛이었다.
어느덧 시곗바늘이 밤 10시를 지나고 있었다.

"내일은 포도밭에 가볼까. 세계 최고의 와인 산지인 코트 드 뉘에
말이야."

"아, 정말 좋아요. 벌써 기대돼요."

여태 잠자코 앉아 두 사람의 지루한 이야기를 듣던 사토미가 환하
게 웃었다.

BPR과 ERP

BPR

BPRBusiness Process Reengineering은 1993년, 전 매사추세츠 공과대학 교수 마이클 해머와 경영 컨설턴트 제임스 챔피의 공저 《리엔지니어링 기업혁명Reengineering the Corporation》 (1993)이 세계적인 베스트셀러가 되면서 널리 알려졌다.

그들은 비즈니스 프로세스를 '고객을 위한 가치를 창출하는 일련의 활동'이라고 정의하고, 리엔지니어링은 '비용, 품질, 서비스, 속도처럼 중요하고도 현대적인 성과기준을 대폭 개선하고자 비즈니스 프로세스를 재고하여 근본부터 바로잡는 일'로 정의했다. 이책에는 포드자동차에 관한 흥미로운 이야기가 실려 있다.

1980년대 초, 포드자동차는 간접비와 관리비용을 절감하는 방법을 찾고 있었다. 먼저 외상매입금 지급 부서의 5천 명 이상의 직원 수를 400명으로 줄이고자 했다.

당시 포드자동차에서는 부품을 구입할 때 다음과 같은 과정을 거쳤다. 구매 부서가 부품제조회사에 구매주문서를 발송하고 그 사본을 지급 부서에 보낸다. 그리고 부품이 도착하면 인수 담당자가 구입 부품에 대한 검수보고서를 작성해 지급 부서에 보낸다. 동시에 부품제조회사는 포드자동차의 지급 부서에 청구서를 발송한다. 마지막으로 지급 부서에서 구매주문서의 사본, 검수보고서, 업자가 보내온 청구서를 체크한 뒤 문제가 없으면 대금을 지급한다(그림 7-3의 상단). 포드자동차는 구매주문서의 사본, 검수보고서, 업자가 보내온 청구서가 일치하지 않는다는 예외적 상황을 고려해 5천 명에 달하는 직원을 그 확인 작업에 투입한 것이다.

한편, 포드자동차는 당시 자본을 투자한 마쓰다자동차에서는 지급 업무를 고작 5명이

Key
Point

담당한다는 사실에 충격을 받고 지급 프로세스를 다음과 같이 재검토했다(그림 7-3의 하단).

데이터를 정보기술로 통합

구매 담당자는 부품제조회사에 주문서를 발송함과 동시에 주문을 온라인 데이터베이스에 입력한다. 부품제조회사는 부품을 인수 창구로 보낸다. 부품이 도착하면 인수 담당자는 컴퓨터를 검색해 인수한 부품이 데이터베이스에 등록된 '발주 완료 미도착 부품'과 일치하는지를 체크한다. 일치하면 부품을 인수하고 데이터베이스에 부품이 도착했음을 입력한다. 인수 전표는 데이터베이스에 기록되며 컴퓨터는 자동으로 해당 기일까지 수표를 발행해 납품업자에게 지급한다. 한편, 부품이 데이터베이스에 등록된 부품과 일치하지 않는 경우는 납품업자에게 반송한다.

한마디로 대금 지급일을 '청구서를 수령했을 때'가 아닌 '발주한 부품을 인수했을 때'로 바꾼 것이다. 이에 따라 청구서도 필요 없어졌을 뿐만 아니라 구매주문서의 사본, 검수보고서, 업자가 보내온 청구서 체크와 같은 가치 없는 활동도 생략되었다. 즉 데이터를 정보기술로 통합함으로써 지급 프로세스를 근본적으로 바꾼 것이다.

마이클 해머와 제임스 챔피는 '리엔지니어링에서는 정보기술이 필수 불가결한 요소다. 정보기술이 없으면 프로세스는 리엔지니어링을 할 수 없다'고 주장했다.

BPR을 먼저 확립한 후 ERP를 실현해야

그 후, 1990년대 들어 경영의 글로벌화가 진행됨에 따라 기업 경쟁이 격렬해졌고 BPR은 전세계로 퍼져나갔다. 마이클 해머와 제임스 챔피가 주장한 것처럼 BPR에는 IT를 사용해 기업 전체의 업무데이터를 통합하는 정보시스템이 필수 불가결해졌다. 이로써 ERP패키지는 BPR을 실현하기 위한 수단으로 급속히 보급되었다.

ERP패키지에는 수많은 도입 실적을 바탕으로 '베스트 프랙티스'가 축적되어 있다. 그런 까닭에 ERP패키지를 도입하면 BPR도 실현할 수 있다고 생각하는 경영자가 많다. 그러나 포드자동차의 사례에서 보듯 BPR을 먼저 확립한 후 그것을 실현하는 도구로 ERP패키지를 활용해야 한다.

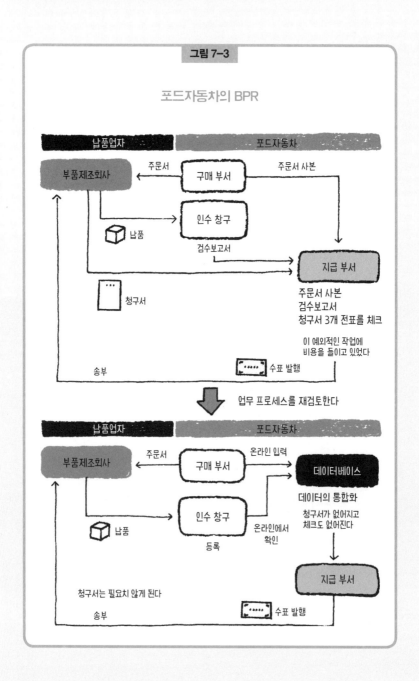

그림 7-3

포드자동차의 BPR

| 납품업자 | 포드자동차 |

부품제조회사 — 주문서 → 구매 부서 — 주문서 사본 →

인수 창구

납품

검수보고서

지급 부서

주문서 사본
검수보고서
청구서 3개 전표를 체크

청구서

이 예외적인 작업에
비용을 들이고 있었다

송부

수표 발행

업무 프로세스를 재검토한다

| 납품업자 | 포드자동차 |

부품제조회사 — 주문서 → 구매 부서 — 온라인 입력 → 데이터베이스

데이터의 통합화

인수 창구 — 온라인에서 확인

등록

청구서가 없어지고
체크도 없어진다

납품

지급 부서

청구서는 필요치 않게 된다

송부

수표 발행

제8장

책임 한계를
명확히 한다

한심한 트러블 보고서

가라사와는 지금까지 발생한 모든 트러블을 한데 묶은 트러블 보고서를 꼼꼼히 살펴보았다. 방대한 분량의 보고서를 처음부터 끝까지 체크하는 일은 결코 쉽지 않았다. 한 장 한 장 읽어가다 보니 원인은 한 가지라는 것을 알 수 있었다.

(역시 이것이 문제였어!)

ERP패키지의 기본 기능에 관해서는 전혀 문제가 없었다. 발주에서 재료의 조달, 생산, 출하, 청구, 대금을 회수하기까지의 일련의 업무시스템과 회계시스템에 대해서는 단 한 건의 트러블도 발생하지 않았다.

트러블의 대부분은 직영점에 쌓여 있는 재고의 수불, 출하운임의 계산 착오, 재공품의 공정 진척, 시간의 활용 상태, 그리고 이것들에 관한 회계 분개였다. 모두 NFI가 제공하는 애드온소프트 'AP'와 이번 프로젝트에서 새로이 추가 도입한 프로그램이었다.

가라사와는 추가 프로그램의 버그는 어쩔 수 없다 해도 시판되고 있는 AP에 왜 버그가 대량으로 잠복해 있었는지 그 까닭을 이해할 수 없었다. 일어나서는 안 될 일이 일어난 것이다. NFI의 개발자인 진나이는 자신이 개발한 의류업계용 애드온소프트 AP를 자랑스러워했다. 공정관리는 AP의 핵심 기능 중 하나였다. "이것을 사용하면 현재 어떤 제품이, 어느 공정에서, 몇 벌 만들어지고 있는지 실시간으로 알 수 있습니다"라고 진나이는 당당하고 자신 있게 말했다.

그런데 후지 공장의 생산관리 담당자는 컴퓨터 데이터는 신뢰할 수 없다는 이유로 제작 과정을 자신의 눈으로 직접 확인하고 있었다. 다시 말해 이런 이유에서였다. 재단 공정에서는 기계와 가위를 사용해 한 장의 옷감을 여러 가지 크기와 모양으로 잘라낸다. 이것이 옷감 부품이다. 이 부품은 봉제 과정을 거쳐 한 벌의 옷으로 완성된다. 간단한 것처럼 보이지만 많은 제품을 연속적으로 생산할 때는 재단한 옷감 부품의 수량과 봉제 작업에 필요한 수량이 맞지 않는 경우가 있다. 그 결과 옷감 부품이 중간 창고에 산더미처럼 쌓이거나 반대로 전혀 준비되지 않아 봉제 작업이 멈추는 경우가 있다.

가라사와는 트러블 보고서를 읽고 경악을 금치 못했다. 트러블이 일상적으로 발생하고 있었던 것이다. 이는 곧 NFI가 의류업계용 ERP패키지의 표준이라며 개발한 AP가 정상적으로 작동하지 않고 있다는 뜻이었다. 즉, 한나의 컴퓨터시스템은 대량의 버그가 잠복한 AP를 그대로 안은 채 아웃된 것이다.

이는 이미 사용을 시작한 이상 AP에 관한 책임은 NFI에 없고 추가 비용은 사용자인 한나가 고스란히 부담해야 한다는 뜻이다.

(바로 그거야. AP는 실은 미완성 제품이었어.)

미완성된 AP를 일단 판매한 다음 한나의 프로젝트를 이용해 완성하려는 속셈이었다. 물론 NFI처럼 큰 회사가 아직 시스템 테스트도 끝나지 않은 제품을 판매하는 행위는 있을 수 없는 일이다. 하지만 개발 책임자가 개발 지연을 은폐하려고 미완성 제품을 일단 판매한 다음 그 이후의 사태에 대한 책임을 고객에게 떠넘기려는 속셈이었음이 분명했다. 한나는 음흉하기 짝이 없는 진나이의 술수에 보기 좋게 넘어간 것이다.

AP만이 아니었다. 추가로 도입한 재고관리 프로그램에서도 트러블이 발생하고 있었다. 시스템 구축을 할 때 즈음하여 영업부장이 이런 요구를 했었다.

"찾고 싶은 제품이 현재 어디에 있는지 바로 알 수 있게 해주세요."

예를 들어 감색 M사이즈의 블레이저코트가 현재 어디에, 또 몇 벌이 있는지를 바로 알 수 있도록 해달라는 것이었다. 진나이는 "문제없습니다"라고 호언장담했지만 아무리 시간이 지나도 감색 M사이즈 블레이저코트가 현재 어디에, 몇 벌이 있는지는 알 수 없었다.

그리고 또 한 가지 문제는 출하운임시스템이었다. 특히 물류센터에서 소매점용으로 이용하는 '특급배송' 운임이 상황을 악화시켰다. 지금까지는 출하운임을 단순히 판매비로만 처리했다. 브랜드별로도 분류하지 않았다. 만약 출하운임을 자동으로 '제품'과 '단골 거래처'별로 수집할 수 있는 시스템을 도입한다면 어느 소매점에 대한 운임이 많은지를 곧바로 알 수 있다. 이것이 출하운임시스템을 발주한 이유다. 하지만 이 시스템에서 계산된 출하운임과 실제로 운송회사에서 청구한 금액이 일치한 적은 단 한 번도 없었다.

가라사와는 요건 정의서를 읽고 또 읽었다. 그러나 NFI의 책임 범위가 애매해서 결국 이 부분에 대해서도 NFI에 보상 비용을 청구할 수 없을 것 같았다. 그는 이번 프로젝트의 실패 원인이 너무 제멋대로 요구한 한나에 있다고만 생각했었다. 그러나 다시 한번 트러블 내용을 살펴보니 문제의 원인은 확실히 NFI에 있었다.

더욱이 계약서에 따르자면 모든 비용은 사용자인 한나가 부담할 수밖에 없었다. 프로젝트 책임자로서 마땅히 지켜야 할 주의 의무를 다했더라면 이런 사태는 막을 수 있었을 것이다. 가라사와는 한심스러운 자신의 행동에 말을 잃었다.

최악의 사태는 피해야 한다

다음 날 아침, 사자 문장이 부착된 푸조 자동차가 두 사람이 묵고 있는 호텔 현관에 멈췄다. 그 자동차는 성인 네 사람이 겨우 탈 수 있는 크기로 중세도시 분위기가 물씬 풍기는 본에는 안성맞춤이었다.

"지금부터 와인 가도를 따라 뉘 생 조르쥬를 향해 출발할 거야."

아즈미는 기운찬 목소리로 말했다. 유키도 사토미도 즐거운 마음으로 "출발!"을 외쳤다

"유키 양도 알고 있겠지만 부르고뉴 지방에서 수확되는 포도 중 피노누아 품종은 레드와인, 샤르도네 품종은 화이트와인으로 만들어지지. 이 지방 포도밭에서는 최고의 피노누아가 수확되는 것으로 유명하지만 지금 우리가 갈 코트 드 뉘는 차원이 달라."

아즈미는 왼쪽으로 끝없이 펼쳐진 넓은 포도밭을 가리켰다.

"어떤 밭에서 수확되느냐에 따라 포도의 맛은 전혀 달라져. 저쪽에 보이는 것이 그 유명한 로마네 꽁티 밭이야. 그 옆이 라 타슈, 저쪽이 에슈조, 그리고 샹베르탱…."

아즈미의 흥분이 유키와 사토미에게도 전해졌다. 한 병에 수만 엔에서 수십만 엔이나 하는 와인이 바로 눈앞에 있는 포도들로 만들어지는 것이다.

"왜 밭이 조금만 달라도 포도의 맛이 달라지나요?"

유키가 물었다.

"배수, 일조량, 기온, 토양 그밖의 여러 가지 요인이 복합적으로 작용하기 때문이지. 하지만 같은 밭에서 수확한 포도라도 만드는 방법에 따라 맛이 또 천차만별이지."

"그렇게 많이 다른가요?"

유키가 신기하다는 듯 말했다.

"유능한 생산자가 만드는 와인에는 감히 도전할 수 없는 장인정신과 품격 그리고 개성이 있어. 평범한 생산자는 소재의 가치를 이끌어

포도는 밭이 조금만 달라도 맛이 다르다. 배수, 일조량, 기온, 토양 등이 복합적으로 작용해 맛에 영향을 끼치기 때문이다. 또 같은 밭에서 재배된 포도라 해도 만드는 방법에 따라 와인 맛이 달라진다. 기업의 가치도 이와 같다. 유능한 경영인만이 명품 기업을 만든다.

낼 수 없지. 그건 회사의 인재도 마찬가지야."

(인재? 혹시 나를 말하는 것인가.)

포도밭을 일주한 세 사람은 오후에 호텔로 돌아왔다. 유키는 호텔로 돌아오자마자 어머니에게 여행을 좀 더 해야 될 것 같다고 말했다.

"내일은 니스에 가야 할 것 같아요. 아즈미 선생님에게 더 배워야 할 것이 있거든요. 모나코에서 회의가 있다고 했지만 어떻게든 저녁에 시간을 내달라고 부탁하려고요. 괜찮죠, 엄마?"

"물론 괜찮고말고. 아, 니스라니… 내가 코트다쥐르 Cote d'Azur(프랑스 남부 마르세유에서 이탈리아 국경에 이르는 지중해 지역 – 옮긴이)에 얼마나 가보고 싶었는데! 그곳엔 마티스, 샤갈 미술관도 있지. 그러니 꼭 가보자꾸나."

사토미는 대찬성이었다.

다음 날, 세 사람은 테제베를 타고 니스로 향했다. 일등석 차량은 신칸센(新幹線)보다 약간 작은 의자가 3열로 늘어서 있었다. 테제베가 움직이기 시작하자 아즈미는 바로 노트북을 꺼내 일을 시작했다. 유키도 노트를 펼쳤다. 사토미는 창밖의 풍경을 바라보다가 그대로 잠이 들었다.

"엄마. 거의 다 왔어요."

어느새 테제베는 마르세유를 통과해 지중해를 따라 달리고 있었다. 창밖으로 프랑스 남부의 아름다운 풍경이 스쳐 지나갔다. 앞으로 5분이면 니스에 도착한다.

니스에서 호텔 체크인을 끝낸 아즈미는 "8시에 로비에서 만나"라고 말한 뒤 방으로 사라졌다. 유키와 사토미의 방은 니스 해안이 한눈에 보이는 방으로 대담한 비키니 차림의 여성들이 해변에서 일광욕을 즐기고 있었다.

"알랭 들롱의 〈태양은 가득히〉가 절로 떠올라. 너무 멋져."

사토미는 화장을 지우면서 흥분된 목소리로 말했다. 하지만 지금 유키에게는 그런 풍경들이 들어오지 않았다. 테제베에서 적어둔 메모를 다시 한번 읽고 휴대전화 통화 버튼을 눌렀다.

"하야시다 부장님, 일정이 변경돼 출장을 이틀 더 연장하기로 했어요. 제가 돌아가기 전까지 소매점 판매를 중지할 경우 발생할 일들을 조사해주세요."

"소량 판매를 중지하실 생각인가요?"

제조부장이 당황한 목소리로 물었다.

"보고를 듣고 나서 결정할 문제지요."

"알겠습니다. 귀국하시기 전까지 조사해두겠습니다."

제조부장은 방금 전과 달리 힘찬 어조로 말했다.

"정보시스템부장님은 좀 어때요?"

"날마다 죽을상을 하고 있습니다. 매일 경리부장에게 괴롭힘을 당하니까요."

"가라사와 부장님을 너무 몰아붙여선 안 돼요. 지금 그가 포기하면 2억 엔이나 투자한 프로젝트가 모두 허사가 되어버리니까요."

유키는 최악의 사태만은 피하고 싶었다.

반드시 지켜야 할 책임

세 사람은 니스의 구시가지로 향했다. 낡은 건물과 건물 사이의 좁은 골목에는 레스토랑과 잡화점이 줄지어 있었다.

"오사카의 호젠지(法善寺) 골목을 보는 기분이야."

사토미는 이 가게 저 가게를 들여다보면서 함박웃음을 지었다. 세 사람은 작은 교회 근처의 레스토랑에서 식사를 하기로 했다. 아즈미는 자리에 앉자마자 로제와인과 진주담치(홍합과 비슷한 조개의 일종 – 옮긴이)를 와인으로 조리한 찜 요리를 주문했다.

"니스풍 샐러드도 부탁해요."

사토미는 니스에 오면 반드시 먹으려고 했던 음식을 주문했다.

잠시 후, 적당히 차가운 분홍빛 와인과 냄비에 담긴 진주담치, 엄청나게 큰 피자와 샐러드가 나왔다. 아즈미와 사토미는 즐거운 표정으로 로제와인을 맛있게 한 모금 마셨지만 유키는 진지한 얼굴로 입을 열었다.

"이번에도 선생님께 많은 걸 배웠어요. 회사의 문제가 무엇인지 조금이나마 알게 됐고요. 이제야 직원들도 위기감을 느끼는 것 같아요. 하지만 정작 중요한 문제는 좀처럼 해결될 기미가 보이지 않아요."

유키는 잔을 들어 차가운 로제와인을 마신 뒤 여느 때와 달리 한 잔을 더 주문했다. 아즈미의 강의도 슬슬 끝내야 할 시기가 됐다. 현재 직원들의 피로는 절정에 달한 상태다. 수작업도 2개월이 넘어가면 한계에 이를 것이다. 하루 빨리 회사를 되살려야 하는데 아직까지는 전혀 효과가 나타나지 않는다. 그야말로 모든 시스템이 엉망진창이다.

"무엇을 해도 직원들이 의욕을 보이지 않아요. 힘이 다 빠진 것 같아요."

유키는 초조한 심경을 솔직하게 털어놓았다.

"유키, 힘이 없다는 말은 줄곧 가부좌를 틀고 있어 발이 저린다는 뜻이니?"

니스풍 샐러드를 다 먹은 사토미가 끼어들었다.

"정말 딱 들어맞는 비유군요."

아즈미는 그런 사토미를 칭찬했다.

"유키 양의 어머니가 말한 대로 한나는 지금 신경계에 이상이 왔어. 회사를 움직이는 것은 기계 설비도, 컴퓨터도 아니야. 회사는 사람들의 집합체야. 직원 한 사람 한 사람에게 책임이라는 신경이 통하고 있지 않기 때문에 회사 전체에 맥이 풀리는 거지. 그래서 시스템으로서 제 기능을 발휘하지 못하고 있는 거야."

기업을 움직이는 것은 기계 설비나 컴퓨터가 아니라 사람이다. 기업은 사람들의 집합체이므로 직원 한 사람 한 사람이 책임을 다하지 않으면 제 기능을 발휘하지 못한다.

"어떻게 하면 신경을 제대로 통하게 할 수 있죠?"

"핵심은 책임예산제도야. 예산에는 직접책임과 기본책임 이렇게 두 종류가 있어. 이것을 회사 조직에 적용하는 거야."

"책임예산이라면…."

그러나 아즈미는 사토미를 바라보며 엉뚱한 질문을 던졌다.

"유키 양에게 용돈을 무제한으로 주신 적이 있나요?"

(예산과 용돈이라… 무슨 관계가 있을까? 그리고 용돈을 무제한으로 받는 아이가 대체 어디 있담?)

유키는 두 사람의 이야기에 귀를 기울였다.

"용돈을 무제한으로 준다구요? 그런 일은 있을 수 없죠. 보통 한 달 용돈이 3천 엔 정도였어요. 그렇지, 유키?"

유키는 고개를 끄덕였다.

"그런데 3천 엔 이상을 받은 적도 간혹 있었어요."

"바로 그 점이 중요해. 예산을 세워도 '그 이상 사용할 수 없다'는 규칙이 없으면 그 누구도 예산 규칙을 지키려고 하지 않아. 부문별로 예산을 설정하고 부문장에게는 그것을 반드시 지킬 책임이 있다는 것을 인식시켜야 돼. 단 1엔일지라도 예산 초과를 용인해서는 안 돼. 이것이 예산의 직접책임이야."

(그렇지만 돌발 상황이 생기면 어떡하나?)

표 8-1

예산의 두 종류 책임

기본책임	영업 담당	공헌이익에 대한 책임 회수책임 재고책임
	제조부장	품질책임 원가책임 납기책임
직접책임	부분장	부문비 예산책임

> 담당자별로 완수해야 할 책임을 수량화한다.
> 이것이 '책임예산제도'다

유키는 마음속의 궁금증을 누르고 일단 두 번째 책임에 대해 물었다.

"다른 한 가지 책임은 뭔가요?"

그러자 아즈미가 또 엉뚱한 질문을 던졌다.

"그런데 유키 양 어머니, 유키 양의 아버지는 정종(일본 술)을 좋아하셨잖아요? 그것도 유독 미지근하게 데운 정종만 드셨죠."

"그래요. 조금이라도 뜨거우면 언짢아 하셨어요."

사토미는 정종을 무척 좋아했던 남편을 떠올리며 차분한 목소리로 대답했다. 유키도 맞장구를 쳤다.

"저도 생각이 나요. 그런데 왜 아버지는 미지근한 정종을 좋아하셨을까요? 그때는 그런 궁금증이 없었는데."

"정종은 온도에 따라 맛이 달라져. 사람의 체온과 비슷한 35도를 시작으로 40도, 45도, 50도로 데워 마시는데 사람마다 그 취향이 다 달라. 유키 양의 아버지는 40도로 데운 정종을 가장 좋아했어. 요릿집에 가면 '온도는 꼭 40도'라고 지정하시곤 했지."

"우리 집에서는 유키가 그걸 담당했어요."

사토미는 감회에 젖어드는 목소리로 말했다.

"오호, 유키 양이 술 데우는 일을 했었군요! 그런데 나베부교(鍋奉行, 전골요리를 만들어 먹을 때 재료를 넣는 순서와 먹을 시기 등을 지시하는 사람-옮긴이)는 누가 했나요?"

아즈미의 엉뚱한 질문은 계속됐다.

"남편이었어요. 어쩌다 쇠고기 전골이라도 먹는 날엔 정말이지 굉장했어요."

사토미는 옛 추억을 떠올리며 대답했다.

"재정관리는 누가 하셨나요?"

"그거야 당연히 제가 했지요."

반복되는 아즈미의 질문에 사토미도 그 의도를 헤아릴 수 없었다.

"유키 양, 또 한 가지 책임은 기본책임이야. 일을 완수해야 할 책임을 말하지. 술을 데우는 담당은 술을 40도 전후로 유지해야 하고, 전골요리 담당은 음식을 공평하게 분배해야 하며, 재정 담당은 돈을 제대로 관리해서 낭비를 막아야 해. 조직의 책임자도 이와 마찬가지야."

유키는 아즈미가 말하는 내용이 지극히 당연하다고 생각했다.

"기본책임이 명확하지 않으면 어떤 문제가 발생하나요?"

"누구나 타성에 젖어 일하게 돼. 한마디로 조직에 신경이 통하지 않게 되지."

(그래! 한나도 지금 그런 상황에 처한 거야.)

유키는 그제야 이해가 갔다.

"그렇다면, 기본책임에 대한 정의가 잘못됐다면요?"

유키가 풀이 죽어 묻자 아즈미는 싱긋 웃었다.

"좋은 질문이야. 영업 담당의 기본책임이 '매출을 늘리는 것'이라고 해볼까. 그럼 그들은 매출을 늘리는 일에만 오로지 몰두하게 돼. 일부 영업자들은 신뢰할 수 없는 상대든, 가격을 터무니없이 깎아주든, 과도한 리베이트를 지급하든 오로지 매출을 늘리기 위해서라면 수단과 방법을 가리지 않게 되지. 그들에게 회사의 이익은 고려 대상이 아니니까."

그때 유키의 뇌리에 타로우가 작성한 브랜드별 손익계산서에 기록된 공헌이익이라는 글자가 번쩍 떠올랐다. 그것은 매출총이익에서 판매 활동에 직접 사용한 비용을 뺀 이익이다.

"혹시 영업 담당의 기본책임은 공헌이익인가요?"

"맞아. 공헌이익이야말로 영업 담당이 회사에 공헌한 결과를 나타내는 지표야.

> **아즈미의 노트**
> ------------------------------
> 조직에는 각자가 맡은 기본책임이 있다. 이 책임이 명확하지 않거나 책임을 다하지 않으면 누구나 타성에 젖어 일하게 되고 기업의 신경은 마비된다.

영업 담당의 기본 책임

1. 공헌이익
2. 판매대금 회수
3. 제품의 판매 및 소진

하지만 매출대금이 회수되지 않으면 아무런 의미가 없어. 극단적인 이야기지만 사기꾼에게 제품을 판매하더라도 이익은 발생해. 그러나 그가 제품을 가지고 달아나면 대금은 회수할 수 없게 돼. 그래서 영업 담당은 대금 회수까지 책임을 져야 하는 거야."

"대금 회수도 기본책임인가요?"

"정답이야. 제품의 판매대금이 회수되어야 거래가 완결되고 현금도 증가해. 이밖에도 영업 담당의 기본책임은 또 있어. 공헌이익책임과 회수책임 이외에 또 한 가지 기본책임이 있지."

유키는 아즈미가 '비즈니스는 현금을 사용해 현금을 늘리는 것, 재고와 외상매출금은 현금의 일시적인 모습'이라고 했던 말이 떠올랐다. 외상매출금의 회수와 마찬가지로 제품 재고를 현금으로 바꾸는 것 역시 영업 담당의 책임이다.

"제품 재고를 다 팔아야 하는 책임인가요?"

"맞아!"

아즈미는 와인 잔을 들어 올리며 큰 소리로 외쳤다. 기분이 흡족해진 유키는 이번에는 제조부의 기본책임에 대해 생각해보았다.

"후지 공장도 베트남 공장도 제 기대 이상으로 실적을 올리지 못하고 있는데, 그것도 기본책임이 명확하지 않아서인가요?"

"그렇지, 신경이 잘 통하고 있지 않기 때문이야. 참, 그런데 유키 양은 제조부에 무엇을 기대하고 있지?"

"무엇을 기대하다니요? 너무 당연한
것 아닌가요. 납기 안에, 질 좋은 제품
을, 가능한 한 싸게 만들기를 바라죠."

"그래. 바로 QCD가 제조부의 기본책
임이야."

아즈미는 QCD의 의미를 설명하기 시
작했다.

"Q는 Quality, 즉 품질을 뜻해. 품질이 좋다는 말은 곧 수율이 높다
는 의미기도 하지. 그리고 수율이 높을수록 비용은 적게 들어. C는
Cost를 뜻해. 따라서 표준원가 이하로 제품을 만들어야 해. 여기서
중요한 점은 표준원가를 어떻게 설정하느냐야."

"표준원가란 가장 효율적으로 제조했을 경우의 제품원가잖아요?"

유키의 말에 아즈미는 고개를 좌우로 흔들었다.

"노우! 아무리 효율적으로 만들어도 팔리지 않으면 아무 소용없어.
다시 한번 말하지만, 고객은 옷이라는 물건을 사는 것이 아니야. 그
옷을 입음으로써 얻게 될 만족감을 사는 거야. 그 만족감은 판매가격
에 반영돼. 다시 말해 판매가격은 시장에서 결정되는 거야. 따라서
표준원가는 시장가격에서 목표로 하는 매출총이익을 뺀 가격으로 설
정해야 해."

아즈미는 제조 활동에서의 판단은 '공장의 이론'을 기준으로 이루
어지는 경향이 짙다고 강조했다. '아끼고 아끼면 500엔으로 만들 수

있으니 이 제품의 표준원가는 500엔이다'라고 생각해버리는 식이다. 그러나 현실은 결코 그렇지 않다. 가격이 저렴한 제품일지라도 팔리지 않는 경우가 있고 아무리 좋은 제품이라 할지라도 너무 비싸면 시장은 받아들이지 않는다. 따라서 제조부가 목표로 해야 할 원가는 시장가격에서 목표 이익을 뺀 금액이어야 한다.

제조부의 목표 원가＝시장가격−목표 이익

"마지막 D는 Delivery, 즉 납기를 뜻해."

"납기요?"

유키가 되물었다.

"거래처에 제품을 보내기로 한 날짜를 말하지."

그러고 보니 후지 공장은 납기를 맞추려고 매일 야근을 한다. 그런데 야근을 하면 제품원가는 높아질 수밖에 없다. 그러나 야근을 하지 않으면 납기를 맞출 수 없다.

"만들다 만 재고가 정체하는 이유는 무엇일까?"

아즈미가 물었다. 유키는 잠시 생각하더니 대답했다.

"필요한 부품이 없거나, 불량품이 대량으로 발생하거나, 재단기가 고장 나거나, 품질검사에 시간이 걸려서…."

"그것도 원인이라고 할 수 있지. 그러나 부품이 완전히 갖추어지고, 불량품이 발생하지 않고, 기계가 고장 나지 않더라도 재공품이 정체를 일으켜 납기 지연으로 이어지는 경우가 있어. 왜일까?"

아즈미는 남은 와인을 쭉 들이킨 후 다시 잔 가득히 로제와인을 따랐다. 유키는 골똘히 생각했지만 해답을 찾을 수 없었다.

(모든 것이 완벽한 데도 왜 납기 지연이 일어나는 걸까?)

"힌트를 줄게. 방콕의 도로 정체와 같은 원인이야."

(방콕? 아, 억수같이 퍼붓는 비에 귀청이 찢어질 듯 천둥이 치던 밤이었어.)

유키는 그날의 일을 떠올렸다. 택시는 20분 동안 전혀 꼼짝도 하지 않았었다.

"그건 경찰관이 신호를 조작하고 있었기 때문이야."

폭우가 내리는 날 신호등이 고장 나는 경우가 있다. 그때 경찰관이 수작업으로 교통신호를 제어한다. 그렇게 되면 아무래도 정체가 일어날 수밖에 없다. 그러나 도쿄와 같은 대도시에서는 아무리 차가 많아도 컴퓨터가 흐름을 제어하면서 교통신호만 제대로 작동하면 사거리에서 20분씩이나 차가 멈춰 서 있는 일은 발생하지 않는다.

"후지 공장에서 재공품 재고가 증가하는 이유도 이와 마찬가지야. 첫 공정인 봉제 작업이 시작되기도 전에 재공품 재고가 대량으로 쌓이게 되지."

"왜 그런가요?"

어리둥절해하는 유키에게 아즈미는 그림을 그려 보여주었다.

"재단과 봉제, 검사에 대한 생산능력을 1시간당 각각 1천 벌, 200벌, 500벌이라고 가정해봐. 생산능력이 가장 높은 재단 공정에서 1천 벌 분의 옷감 부품을 만들어. 그런데 봉제를 할 수 있는 것은 200벌뿐이야. 그러니 나머지 800벌은 재공품 재고가 될 수밖에 없어. 그러나 재단과 봉제의 생산량을 각각 200벌씩으로 제한하면 재고는 제로가 돼.”

그때서야 유키는 아즈미가 말하고자 하는 내용을 이해할 수 있었다. 후지 공장 바닥을 가득 메운 옷감 부품의 발생 원인도 정확히 파악했다. 재고는 오랫동안 한곳에 머물지 않는 바람처럼 공장을 휙 지나가야 한다.

“제조부장의 기본책임은 QCD란 걸 이제는 알았겠지?”

유키는 고개를 크게 끄덕였다.

어디까지 책임을 져야 하나

유키는 또 한 가지 궁금증이 생겼다. 영업책임과 제조책임을 분리하는 방법이다. 제조부가 만든 제품의 실제원가가 표준원가를 크게 웃돌 경우는 어떻게 해야 하는가?

예를 들어 판매가격이 1천 엔인 제품의 표준원가를 600엔으로 가정하자. 그런데 제조 부문의 실수로 한 벌당 원가가 1천 100엔이 됐다. 영업부로서는 제품이 잘 팔릴수록 적자를 면치 못한다. 그러나 회사로서는 무조건 많이 팔고 싶다.

“제조부의 책임은 영업부의 책임에 영향을 줘서는 안 돼.”

그림 8-1

1시간당 생산능력과 재공품 재고

재단

재공품 재고가 되어버린다

봉제

봉제

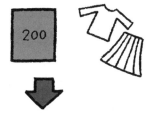

처리 능력은 있는데 활용할 수 없다

> 1천 벌 분을 재단할 수 있는 능력이 있어도 봉제 작업이 가능한 수량이
> 200벌이면 나머지 800벌은 재공품 재고가 된다.
> 그러므로 재단과 봉제를 200벌로 맞추어 재고를 제로로 만들어야 한다

제조부는 표준원가 이하로 제품을 만들 책임이 있다. 그리고 영업부는 표준원가로 넘겨받은 제품을 판매해 목표로 하는 공헌이익을 달성할 책임이 있다. 제조부에서 영업부로 제품을 넘길 때 표준원가로 확정하여 두 부문의 책임을 명확히 하는 것이다.

"아무리 생각해도 이해가 잘 안 돼요."

유키는 고개를 갸웃했다.

"같은 회사 안에서 생각하니까 이해하기 어려운 거야."

제조부와 영업부를 서로 다른 회사로 생각하면 된다. 회사가 다르면 제조원가가 표준원가를 초과했다고 해서 파는 쪽 회사가 사는 쪽 회사에 적자를 떠넘기는 일은 없다. 제조와 영업도 이와 마찬가지다.

"제조부에서는 표준원가와 실제원가와의 차이를 원가차이로 처리해. 이를 '제조손익'이라고도 하지. 제조부는 이 제조손익에, 영업부는 공헌이익에 각각 책임을 져야 해."

(제조손익과 공헌이익?… 재미있는 구조네.)

"따라서 손익계산서는 이런 형식이 돼."

아즈미는 타로우가 작성한 브랜드별 손익계산서와 똑같은 그림을 그렸다.

"이것이 새의 눈으로 보는 정보야. 이 정보를 곤충의 눈으로 볼 수 있는 구조로 만들어야 해."

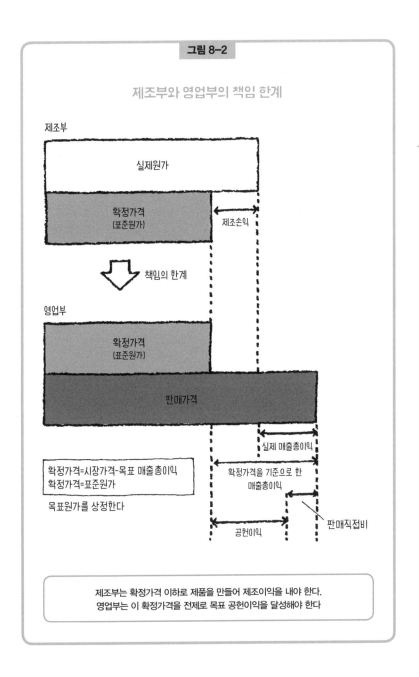

그림 8-2

제조부와 영업부의 책임 한계

제조부

실제원가

확정가격
(표준원가)

제조손익

⬇ 책임의 한계

영업부

확정가격
(표준원가)

판매가격

실제 매출총이익

확정가격=시장가격-목표 매출총이익
확정가격=표준원가

목표원가를 상정한다

확정가격을 기준으로 한
매출총이익

공헌이익

판매직접비

제조부는 확정가격 이하로 제품을 만들어 제조이익을 내야 한다.
영업부는 이 확정가격을 전제로 목표 공헌이익을 달성해야 한다

표 8-3

새의 눈에서 곤충의 눈으로 드릴다운

새의 눈으로 보는 정보	곤충의 눈으로 보는 정보

● 브랜드별 손익계산서(여성복)

여성복	세목	금액
매출액		
매출원가		
매출총이익		
원가차이		
실제 매출총이익		
이익률		
인건비		
판매직접비	인건비	
	판촉비	
	출하운임	
	여비교비	
	토지 및 건물 임대료	
	소계	
공헌이익		
기타 판매비와 일반 관리비	인건비	
	여비교통비	
	제품 매각비용	
	소계	
판매비와 일반관리비 소계		
영업이익		
지급이자		
경상이익		
감가상각비		
재고 증가		
외상매출금 증가		
외상매입금 증가		
영업CF		

곤충의 눈으로 보는 정보:

- 단골 거래처별 매출
- 제품별 매출
- 제품별 원가 → 제품 원가계산표
- 제품별 매출총이익 → 제품 생애손익
- 원가차이 내역
- 단골 거래처별 매출총이익
- 제품별 매출총이익
- 급여대장
- 제품별 판매촉진비
- 단골 거래처별 판촉비
- 제품별 출하운임
- 발송처별 출하운임
- 영업 담당자별 여비교통비
- 직영점별 토지 및 건물 임대료
- 임대료 브랜드별 제품 매각손
- 차입처별 내역
- 제품별 재고량/금액
- 창고별 재고량/금액
- 단골 거래처별 외상매출금 증가액
- 구입처별 외상매입금 증가액

그렇게 되면 브랜드별 손익계산서(새의 눈으로 보는 정보)에서
더 상세한 정보(곤충의 눈으로 보는 정보)로 드릴다운할 수 있는 구조가 된다

①매출액은 단골 거래처별과 제품별로 ②매출총이익은 제품별로 ③매출원가는 개별원가계산표로 ④제품 재고는 창고별 제품 수급 실적으로 ⑤운임과 판매촉진비 등의 판매직접비는 상품별과 단골 거래처별로 상세히 드릴다운drill down(간략한 정보를 근거 삼아 점차 상세 데이터로 옮겨가는 것 – 옮긴이)할 수 있어야 한다.

그렇게 되면 브랜드별 손익계산서(새의 눈으로 보는 정보)보다 더 상세한 정보(곤충의 눈으로 보는 정보)로 드릴다운할 수 있는 구조가 된다. 이것으로 모든 회계정보에 신경이 통한다.

유키는 한나의 ERP시스템을 떠올렸다. 손익계산서와 재무상태표는 자동으로 작성되고 그 기초인 회계데이터와 업무데이터도 있다. 그러나 서로가 유기적으로 움직이지 못한다. 이제 그것을 움직이게 할 수 있는 자신감이 생겼다. 물론 아즈미에게 배운 모든 것을 지금 당장 실현하기란 어려운 일이다. 하지만 방향성이 뚜렷해졌기에 유키는 자신 있었다. 테이블에는 진주담치도 로제와인도 엄청나게 컸던 피자도 완전히 자취를 감춰버렸다. 유키의 눈앞에는 꾸벅꾸벅 졸고 있는 사토미만 있을 뿐이다.

"엄마, 내일은 일찍 일어나야 하니까 이제 그만 호텔로 돌아가요."

다가오는 운명

　이튿날 오후, 유키와 사토미는 산 위의 레스토랑으로 점심 식사를 하러 갔다. 아즈미는 뉴욕에서 미팅이 있어 아침 일찍 출발했다. 두 사람은 출국시간이 남아 에즈를 관광하기로 했다.

　니스와 모나코 중간에 위치한 이 마을은 약 750년 전 산 중턱에 세워졌다. 최고급 호텔, 고급 레스토랑, 토산품 가게로 유명하며 지금도 그 전통이 살아 숨쉬는, 누구나 동경하는 관광지다. 유키는 눈 아래로 펼쳐지는 몬테카를로와 지중해를 바라보면서 휴대전화를 꺼냈다. 그런 유키에게 사토미가 한마디 핀잔을 주었다.

　"넌 이 멋진 곳에서도 일 생각밖에 떠오르지 않는구나."

　"지금은, 좀 그래요. 일단 회사랑 NFI의 도다 상무 그리고 주거래 은행의 다카다 지점장에게 급히 할 말이 있어요."

　"일 따위는 잊고 아페리티프(식욕을 돋우고자 식사 전에 가볍게 마시는 술-옮긴이)나 마시자꾸나."

　유키는 사토미에게 잠깐만 기다리라고 말한 뒤 밖으로 나갔다.

　잠시 후 그녀는 굳은 표정으로 돌아왔다.

　"내일 한나의 운명이 결정될지도 몰라요."

Key
Point

책임예산과 확정가격

예산관리는 곧 사람관리

예산은 기업에서 일하는 사람들에게 목표를 제시하고, 그 목표를 달성하기 위해 짜는 구조다. 예산이 그림의 떡으로 전락하는 이유는 조직에서 일하는 사람들의 잘못된 사고방식 때문이다. 예산은 반드시 달성해야 할 목표라는 점을 자각하지 못하고 있는 것이다.

경영자의 책임은 현금흐름에 대한 책임

경영자의 책임은 현금흐름에 대한 책임이지 매출에 대한 책임이 아니다. 지난날, 경영 파탄을 초래한 경영자 대부분은 시장점유율 제일주의로 매출액을 늘리는 것에만 치중해온 사람들이었다. 그들은 매출을 늘리기 위해 계속해서 빚을 냈고, 그 결과 유이자부채가 눈덩이처럼 불어난 까닭에 이러지도 저러지도 못한 채 운전자금이 바닥나 결국 도산이라는 최악의 사태를 맞았다. 현금흐름에 대한 책임을 완수하려면 매출액은 물론 원가, 재고, 매출채권, 투자, 유이자부채 등에 세심한 주의를 기울여야 한다.

영업의 기본책임

영업 부문의 기본책임은 공헌이익에 대한 책임과 회수에 대한 책임이다. 예산을 달성하는 책임 단위는 부(部)나 과(課)가 아닌 한 사람 한 사람의 영업 담당자로 하는 것이 가장 합리적이다. 공헌이익은 매출총이익에서 영업 담당자의 급여와 여비, 판촉비, 출하운임, 광고선전비 등 판매에 직접 소요된 비용을 뺀 금액이다. 공헌이익이 적자인 영업 담당자는 회사의 수익 활동에 전혀 공헌하지 못하고 있는 것이다. 또한 회수책임과 재고책임은 만든 제품을 모두 판매하고 대금은 판매한 본인이 모두 회수해야 한다는 뜻이다.

제조부의 세 가지 책임

제조부의 기본책임은 품질, 원가, 납기에 대한 책임이다. 고객이 만족하는 품질의 제품을 목표로 정한 원가 이하로 제조하고, 고객이 요구하는 납기를 맞추는 것이다. 이들은 서로 관련성을 갖고 있다. 예를 들어 품질이 나쁘면 검사, 수정, 개선 비용이 추가로 발생하며 납기 지연으로 이어질 우려가 있다.

목표인 표준원가 이하로 제품을 만들면 제조 부문은 그만큼 이익을 올린 것이다. 실무에서는 이를 '제조이익'이라고도 한다. 반면 납기가 지연되면 회사의 자금 운영에도 영향을 미친다. 현금의 일시적인 모습인 재공품이 증가하는 동시에 운전자금이 늘어나기 때문이다.

제조부와 영업부의 책임 한계

제조부와 영업부의 책임 범위가 애매모호하면 실적에 나쁜 영향을 미친다. 예를 들어 제조부에서 불량품이 발생해 원가가 높아져 최종적으로 적자가 난 경우가 바로 그렇다. 영업 담당자로서는 자기 때문에 적자가 난 것이 아니므로 공헌이익에 대한 책임을 추궁당하면 수긍하지 못한다. 그래서 제조원가는 일단 확정가격으로 바꿔 영업부에 인도할 필요가 있다. 확정가격을 제품의 표준원가로 하면 두 부문의 책임 범위는 더욱 명확해진다.

표준원가는 판매가격에서 매출총이익을 차감하여 설정한다. 제조 부문은 표준원가 이하로 제품을 만들 책임을 지고, 영업부는 표준원가를 전제로 한 공헌이익에 책임을 지게 된다. 표준원가를 판매가격에서 구하는 것은 제조 활동과 고객을 직접적으로 연결한다는 데 의미가 있다.

제9장

단순할수록
아름답다

이런 말도 안 되는 일이!

가라사와는 긴장한 얼굴로 NFI의 도다 상무와 마주 앉았다. 테이블에는 두툼한 보고서가 놓여 있다. 그것은 한나의 ERP시스템에서 발생한 트러블의 대부분이 NFI가 개발한 의류업계용 애드온소프트 AP와 추가로 만든 프로그램에 의한 것이라는 점을 상세히 분석한 보고서였다.

가라사와는 단도직입적으로 말했다.

"귀사의 애드온소프트 AP는 매뉴얼에 적힌 모든 기능을 충족하고 있습니까?"

"무엇을 말씀하시려는 것인지 잘 이해가 되지 않습니다만?"

도다는 의아스러운 표정을 지었다.

"예를 들어 관리회계 모듈의 경우 재단과 봉제에 소요되는 기계 가동시간과 작업시간을 입력하면 제조 프로세스 활동이 그래프로 표시되어 비부가가치 활동원가가 얼마나 발생했는지를 실시간으로 모니

터할 수 있다고 되어 있습니다. 저희도 그런 현장 정보가 있으면 좋겠다고 생각하여 귀사의 AP를 구입하게 된 것입니다. 그런데 대량의 시간 데이터를 입력하면 결과가 나올 때까지 반나절이나 걸릴 뿐만 아니라 계산이 틀린 부분도 한두 군데가 아닙니다."

그의 목소리는 미묘하게 떨렸다.

"흠, 있을 수 없는 일이군요. 그런 초보적인 버그가 발생할 리 없습니다."

도다는 가라사와의 주장을 전면으로 부정했다.

"귀사의 프로젝트 책임자는 문제의 원인은 입력 실수고 잘못은 한나에 있다고 합니다. 그러나 우리가 시간을 들여 조사한 결과 입력데이터 합계와 출력데이터 합계가 일치하지 않았습니다."

그는 자신이 정리한 보고서 중 해당 부분을 가리켰다.

도다는 보고서를 손에 들고 훌훌 넘겼다.

"잘 정리되어 있군요."

건성으로 말하면서 요약본을 읽기 시작했다. 처음에는 얕잡아보는 태도를 보이던 그였지만, 조금씩 표정이 굳어가는 것을 가라사와는 놓치지 않았다. 보고서를 다 읽을 즈음에는 도다의 손이 가늘게 떨렸다.

"가라사와 부장님, 알고 계시겠지만 이 애드온소프트 AP는 저희 프로젝트 책임자가 의류업계용으로 개발한 것입니다. ERP패키지를 합체시킴으로써 획기적인 경영 정보를 제공할 수 있게 말이죠. 서, 설마… 이런 말도 안 되는 일이 벌어질 줄은 상상도 못했습니다."

도다는 자신들의 잘못을 인정하고 원인을 철저히 조사할 것을 약속했다.

전투 하루 전날

유키가 귀국하기 하루 전날, 소매점 판매를 중지할지 말지를 둘러싸고 회사에서는 격렬한 논쟁이 벌어졌다.

"매출액이 줄어드는 것만은 반대야."

영업부장은 소매점 판매를 중지하면 한나의 실적은 더 나빠질 것이라고 주장했다. 매출액은 확실히 10퍼센트 줄어들고 거기에 생산량도 줄어들어 제품원가는 올라간다. 그러므로 반대로 판매촉진을 강화해 적극적으로 소매점 매출을 늘려야 한다고 열변을 토했다.

"저는 그렇게 생각하지 않아요."

이번에는 제조부장이 반대 의견을 말했다.

"타로우 씨와 계산해봤는데 소매점 판매는 적자라고요."

"적자? 그럴 리가."

영업부장은 제조부장을 노려봤다.

"하지만, 적자는 엄연한 적자예요."

"영업은 내가 가장 잘 알아. 제조 부서가 참견할 일이 아니야."

영업부장의 말투는 어느새 거칠게 변했고, 불쾌감을 노골적으로 드러냈다.

"어린 여사장 때문에 고생이 이만저만이 아닙니다."

한나의 경리부장 다마루는 진절머리가 난다는 얼굴로 다카다 지점장에게 불평을 늘어놓았다. 애써 회사를 위해 관리회계를 만들어줬는데 어떤 자료도 사용하려 하지 않는다, 사용하기는커녕 "내가 생각한 것과는 달라요"라고 트집을 잡고 무시하기만 한다, 다마루는 '어처구니없는 아가씨'라면서 감정을 담아 쉴 새 없이 지껄여댔다.

"한나의 대출 금액이 계속 증가하고 있어요."

다카다는 걱정스러운 얼굴로 말했다.

"이번에 컴퓨터시스템에 투자를 했는데 실패했어요. 아마 2억 엔은 쏟아부었을 겁니다. 게다가 베트남 공장에도 2억 엔을 들였고, 재고 또한 매년 2억 엔씩 증가하고 있으니 당연한 결과죠."

다마루는 남의 일처럼 이야기했다.

"그 사장은 꽤 야무져 보이던데, 아닌가 보군?"

다카다는 문득 최근 5년 사이에 유키가 자만에 빠진 것은 아닐까 하는 생각이 들었다.

"야무지기는요. 회사가 이 지경인데 정체도 알 수 없는 남자를 만나러 매달 유럽으로 관광여행을 간다고요. 그것도 비즈니스 클래스 티켓으로 말이죠."

다카다는 얼굴을 찌푸렸다.

(도대체 누굴 만나러 유럽에 가는 걸까?)

"혹시 그 남자가 아즈미라는 사람 아닌가요?"

"네, 맞습니다. 그 사람 이름을 어떻게 아시죠?"

순간 다카다의 얼굴이 활짝 펴졌다.

(유키 사장이 곧 나에게 전화를 하겠군. 아즈미 씨를 만난거라면 분명 해결 방법을 찾았을 거야.)

다카다는 의아한 표정으로 자기를 바라보는 다마루에게 미소를 지으며 차를 마셨다.

ERP는 마법 상자가 아니다

유키는 막 귀국했는데도 전혀 피곤한 기색이 없었다.

임원 회의실에는 경리부장, 제조부장, 영업부장, 정보시스템부장, 주거래은행의 지점장, NFI의 도다 상무와 개발자인 진나이 그리고 경리부의 타로우가 원탁을 중심으로 둘러앉아 있었다.

유키는 먼저 현재 상황을 보고하라고 전원에게 지시했다. 가장 먼저 발언을 한 사람은 영업부장이었다. 매출액은 제자리걸음이고 재고는 여전히 줄지 않는다, 소매점과 양판점에서의 반품이 많아 물류센터는 그걸 정리하느라 매일 철야 작업을 한다고 했다.

"이 문제를 어떻게 해서라도 해결하지 않으면…."

영업부장은 한숨을 길게 내쉬었다.

이어 제조부장이 발언했다. 제조 지시에 따라 작업을 하고 있지만 ERP시스템을 도입한 후 재단이 끝난 옷감 부품이 증가해 난처할 지경이다. 그런데 봉제 작업은 자꾸 지연되고 그에 따라 납기 지연이 빈발해 클레임이 끊이지 않는다며 그는 거의 울상이었다.

경리부장이 발언할 차례였다.

"이번 시스템화에 기대가 컸습니다"라며 경리부장은 애석해했다.

"브랜드별 손익도, 원가계산도 모두 컴퓨터가 해줄 것으로 믿어 의심치 않았는데 이런 결과가 나오다니."

유키는 어이가 없었다. 경리부장은 관리회계 자료를 컴퓨터로 작성하려고 했던 것이다. 유키는 목구멍까지 올라온 말을 간신히 삼키며 경리부장의 이야기를 계속 들었다.

"게다가 타로우는 잡무에 시달리고 있고 말이죠. 우리 부서는 정말 힘들다고요."

주거래은행의 지점장이 동석했음에도 불구하고 경리부장은 거리낌 없이 부끄러운 말을 내뱉었다. 세 사람 모두 컴퓨터시스템이 정상적으로 가동만 된다면 업무는 순조롭게 진행되리라 믿고 있었다.

"그날로부터 5개월이 지났군요. ERP시스템이 정착할 전망이 있어 보이나요?"

유키는 정보시스템부장인 가라사와에게 물었다.

"분명히 말씀드리자면… 또 시스템이 다운되지 않을까 심히 걱정입니다."

그는 지친 표정으로 대답했다.

"단, 문제의 원인은 찾아냈습니다."

유키는 그런 가라사와를 바라보다가 자리에서 일어나 전원을 한 번 쭉 바라보더니 머리를 깊이 숙였다.

"이번 사태의 가장 큰 책임은 저에게 있어요. 저는 중대한 착각을 했습니다."

"착각이라뇨?"

의아하게 물은 사람은 제조부장이었다. 그는 ERP시스템을 구축하는 책임은 정보시스템부장과 NFI에 있다고 믿어 의심치 않았다.

유키는 천천히 입을 열었다.

"저는 아무것도 하지 않아도 저절로 소원이 이루어지는 '마법 상자'를 샀다고 생각한 거예요. 그 상자만 있으면 자동으로 회사의 업무비용이 줄고, 회사의 현재 상황이 그대로 나타나고, 게다가 문제점까지 알려줄 거라고 믿었던 거지요. 하지만 그건 완전히 잘못된 생각이었어요. 그런 건 애초에 존재할 리가 없으니까요. 만약 있다면 굳이 제가 사장 자리를 지킬 필요도 없겠죠."

유키는 쓴웃음을 지었다.

"잘 모르겠습니다. 사장님의 의중을."

제조부장이 몸을 앞으로 쭉 내밀며 말했다.

"컴퓨터시스템은 결국 데이터를 처리하는 도구에 지나지 않아요. 저는 이 프로젝트가 시작됐을 때 이 도구를 어떤 용도로 사용할 것인지 명확히 정의했어야 했어요."

"용도 말씀인가요?"

"컴퓨터시스템이 수행해야 할 임무 말이에요."

그러자 NFI의 진나이가 "제가 한마디 해도 될까요"라며 불쑥 끼어들었다.

"이번에 한나가 구입한 ERP패키지와 추가로 설치된 애드온소프트 AP에는 세계 최정상의 경영진들이 이용하고 있는 회계정보 템플릿이 내장되어 있습니다. 따라서 문제될 것은 전혀 없습니다."

그는 유키를 얕잡아보는 것이 분명했다. 그러나 유키는 담대하면서도 힘 있게 말했다.

"당신이 최고라고 말하는 그 회계정보는 나에겐 먹고 싶지 않은 요리만 잔뜩 늘어놓은 뷔페나 다를 바 없어요."

종류가 많다고 해서 무조건 그 안에 먹고 싶은 음식이 있는 건 아니다. 그러나 일단 배가 고프니까 무엇이든 먹는다. 하지만 맛이 없어서 이번에는 다른 것을 먹어본다. 이것저것 계속해서 젓가락을 대보지만 역시 만족할 만한 것은 하나도 없다. 결국에는 특별 메뉴까지 주문하지만 이것 역시 두 번 다시 손이 가지 않는다. 유키는 현재의 한나가 바로 그런 상태라고 설명했다.

"그럼, 저희 ERP패키지와 AP로는 만족할 수 없다는 말입니까?"

진나이는 감정을 드러내며 물었다.

"그래요. 절대로 만족할 수 없어요."

회의실에 긴장감이 흘렀다.

필요한 것만 필요하다

"재미있는 비유로군요."

주거래은행의 지점장인 다카다가 나섰다.

"먹고 싶은 것만 먹으면 되는데, 무리해서 먹으니까 배탈이 난다는 거군요."

"그건 알겠는데, 사장님은 대체 무엇을 먹고 싶으신가요?"

경리부장이 옆에서 끼어들었다.

"브랜드별로 올바른 이익, 제품별 매출총이익, 거래처별 공헌이익 이에요."

유키는 망설이지 않고 대답했다.

"제품원가, 재고, 반품, 출하운임에 대한 상세한 정보는 필요하지 않다는 말씀이십니까?"

경리부장이 되물었다.

"물론 필요해요. 하지만 지금 이 시점에서는 필요치 않아요. 분명히 말하겠어요. 트러블이 계속되고 있는 ERP시스템은 필요한 부분만 남기고 더 이상 개발하지 않겠어요."

유키는 딱 잘라 말했다.

"그렇다면 그토록 많은 제품 재고를 수작업으로 관리하라는 이야기인데, 그건 말도 안 되는 소리입니다."

가장 먼저 반대한 사람은 영업부장이었다.

"제품 재고를 줄이면 돼요."

"그런 엉터리 같은 말을… 재고가 줄지 않으니까 컴퓨터시스템을 통해 관리해서 줄이려는 것 아닙니까?"

영업부장은 지지 않았다.

"그게 바로 잘못된 생각이에요!"

NFI는 ERP시스템을 사용하면 불필요한 재고가 없어진다고 계속 주장해왔다. 그러나 현실적으로 재고는 오히려 더 늘어나고 있지 않은가?

"재고가 증가하는 원인은 회사의 구조에 있었어요."

유키는 아즈미에게서 배운 '술을 데우는 담당, 전골요리 담당, 재정 담당'에 관한 이야기를 떠올리면서 설명을 이어갔다. 판매 예측과 계획 생산량에 그 누구도 책임을 지지 않으니 재고가 계속 증가하는 것이다. 사람들은 그녀의 말에 귀를 기울였다.

"영업 담당자는 없어서 못 파는 상황이 있어서는 안 되기 때문에 여분의 재고를 갖고 있으려고 해요. 하지만 팔다 남은 재고에 대한 책임은 그 누구도 지려 하지 않죠. 재고 책임은 영업 담당자가 지는 게 당연한 데도 말이에요."

"못 파는 상황에 대해서는 어떻게 생각하십니까? 기회손실은 고려하지 않으시는 겁니까?"

경리부장이 깐죽거리며 물었다.

"세상에 기회손실이란 건 없어요. 못 파는 상황이 닥쳤다고 해서 누가 손해를 본다는 말인가요?"

"사장님씩이나 되시는 분이 회계를 이해하지 못하고 있다니… 기회손실은 관리회계의 상식이란 말입니다."

경리부장은 관리회계를 들먹이며 유키를 몰아세웠다.

그때 다카다 지점장이 조용히 말했다.

"제 생각엔, 확실히 사장님 말씀이 맞아요."

경리부장은 순간 멈칫했다.

"제가 봐도 다마루 부장의 생각이 틀렸어요. 설령 못 파는 상황이 생기더라도 손해를 보는 사람은 아무도 없죠. 오히려 추가 생산량의 재고가 더 큰 문제 아닐까요."

여태 조용히 있던 타로우가 손을 들고 발언했다.

"이 표는 제조부장님의 지시로 작성한 것입니다."

그는 A4 용지를 전원에게 배부했다.

"대량의 재고로 남아 있는 제품의 2/3는 추가 수주분입니다."

다시 말해 인기 상품이 담당자의 판단 착오로 실패 상품이 되어버린 것이다.

"제품 재고는 누군가가 책임지고 전부 팔 수 있는 구조로 만들어야 하고, 매매 거래는 확정된 주문을 기준으로 해야 하며, 위탁판매는 중지해야 해요. 그렇게 하지 않으면 한나의 미래는 없어요."

유키는 이대로 나쁜 관습을 계속 유지하다가는 머지않아 한나가 도산할 것이라고 전원에게 호소했다.

그러자 정보시스템부장이 갑자기 딴사람처럼 의욕에 차 말했다.

"그것이 실현되면 ERP시스템 구조는 더 심플해집니다."

시스템을 다시 만들다

불만이 가득한 얼굴로 입을 삐죽거리던 영업부장이 입을 열었다.

"사장님은 소매점 판매를 재검토할 생각이신 것 같은데, 저는 절대 반대입니다. 그렇게 하면 매출이 줄어들 수밖에 없습니다."

유키는 그런 영업부장에게 되물었다.

"소매점에 제품을 공급하는 데 비용이 얼마나 드는지 아세요?"

"그, 글쎄요."

영업부장은 전혀 짐작이 가지 않는 표정을 지었다.

"영업부장님. 영업부장으로서 제 말을 잘 이해해주시기를 바랍니다. 먼저 물류센터에서의 출하운임과 반품운임이 있어요. 그리고 물류센터에서 실시하는 분류 작업, 반품 분류 작업, 데이터 입력 처리, 계절이 바뀔 때마다 보내오는 산더미 같은 반품을 떠올려보세요. 이 반품 제품들은 바겐세일이 아니고선 팔리지 않아요.”

영업부장은 묵묵히 듣고만 있었다. 유키는 타로우가 작성한 수치들을 읽어 내려갔다.

“소매점 매출액은 매해 10억 엔이에요. 그 가운데 제품원가가 8억 엔이고, 소매점과의 거래에 필요한 직원의 급여와 출하운임 등 기타 비용이 2억 엔이고, 매해 바겐세일로 처분하는 재고의 매각손이 2억 엔이에요. 다시 말해 2억 엔 가까이 적자가 발생하고 있어요. 그러므로 거래를 그만두면 실적은 확실하게 호전됩니다.”

“그래도 저는 반대입니다.”

영업부장은 완고히 거부했다. 유키는 그를 빤히 바라보았다.

“그 이유는 영업부장님의 매출이 줄기 때문 아닌가요?”

“물론 그렇습니다. 또 소매점은 제가 입사하고 나서 개척한 곳이니까요.”

“확실히 영업부장님의 금년도 소매점 매출은 5억 엔이었지요?”

“한나 전체 소매점 매출의 반은 제가 올렸습니다.”

영업부장은 어린아이처럼 우쭐해했다.

“맞아요. 제가 돌아오기 전에 타로우 씨에게 판촉비를 자세히 조사하게 했는데, 그중 2억 엔은 영업부장님이 사용했어요. 게다가 그중의 반을 소매점에 지급했고요.”

“그것이 무슨 문제라도 된다는 말씀입니까?”

영업부장은 유키의 말을 선뜻 이해하지 못했다.

“한나의 보너스는 매출액에 따라 움직여요. 부장님은 이 점을 악용한 거예요. 다시 말해 소매점에 할인과 판촉비를 지급하기로 약속하고 매출을 늘렸던 거죠. 그 결과, 부장님이 담당하고 있는 소매점 거래는 모두 적자예요."

"적자든 아니든 저와는 상관없는 일입니다. 저는 매출책임량을 달성한다는 약속을 지켰을 뿐입니다. 이제 와서 구조적 맹점을 악용했다는 말을 듣다니, 불쾌하기 짝이 없습니다."

영업부장은 노골적으로 불만을 토로하며 유키를 노려봤다.

"영업부장님. 사장님에게 그 무슨 무례한 언행입니까?"

제조부장이 영업부장을 제지했다.

"시끄러워!"

영업부장의 큰 목소리가 회의실에 울려퍼졌다. 유키는 평화로운 얼굴로 그가 안정을 되찾기를 기다렸다가 입을 열었다.

"맞아요. 보너스 건에 대해서는 영업부장님을 비난할 수 없어요. 하지만 지금 제가 문제 삼는 건 다른 사안이에요."

회의실은 쥐 죽은 듯이 조용해졌다.

"영업부장님이 입사하고 난 후 소매점 매출은 빠르게 증가했어요. 그건 부장님이 소매점을 개척했기 때문이지요. 그런데 소매점으로 고액의 판촉비가 지급되고 있었어요. 그 판촉비에는 현금은 물론 제품도 포함되어 있었고요. 게다가 제조부장님과 타로우 씨가 직접 소매점에 가서 조사해보니 직영점에서 분실한 제품이 진열되어 있었다고 하더군요. 그 까닭을 물으니 영업부장님을 통해 구입했다고 하더랍니다. 물론 소매점은 구입대금을 현금으로 지급했고요."

갑자기 제조부장이 울먹이는 목소리로 영업부장에게 호소했다.

"영업부장님. 진실을 이야기해주십시오."

영업부장은 아무런 대답도 하지 않은 채 몸을 가늘게 떨고만 있었다. 경리부장이 영업부장을 옹호하며 말했다.

"바보 같은 소리는 그만둬. 설령 사장님이 말한 내용이 모두 사실일지라도 지금까지 신세를 진 소매점에 폐를 끼쳐서는 안 된다고."

유키는 평정심을 유지하며 말을 이었다.

"제 계산으로는 감소한 매출 대부분은 직영점에서 보충할 수 있어요. 그리고 소매점에서의 염가판매도 없어지기 때문에 브랜드력도 향상될 것이고요. 각 소매점에는 제가 직접 그 이유를 전하겠어요. 앞으로는 모든 거래처와 새로운 관계를 모색할 계획입니다."

"출하운임시스템도 심플해질 겁니다."

정보시스템부장이 흥분에 들뜬 목소리로 말했다.

"심플이 아니라 아예 필요가 없어지죠."

유키가 덧붙였다.

"경리부장님이 의뢰한 관리회계시스템도 개발을 중지하겠어요."

그러자 경리부장은 언짢은 표정을 지으며 대꾸했다.

"그건 좀 곤란합니다. 은행은 제가 작성하는 자료를 근거로 융자 여부를 판단하니까요."

경리부장은 옆 자리에 앉아 있는 다카다 지점장을 의식해서인지 힐끔힐끔 곁눈질하면서 말했다.

"저는 회사의 실태를 정확히 알고 싶은 거예요. 그래서 회계정보가 필요한 거고요."

"저도 그 정도는 충분히 압니다. 그래서 다달이 결산 보고를 하고 있지 않습니까?"

"사장님이 저희 업무를 부정하는 이유는 관리회계를 제대로 이해하지 못하기 때문입니다."

경리부장은 입에 거품을 물고 말했다.

"이제 그만해! 관리회계를 이해하지 못하는 것은 오히려 당신이야!"

다카다 지점장이 경리부장을 제지했다.

"다마루, 은행은 은행을 위해 있는 것이 아니야. 은행원으로서의 긍지는 어디로 갔지?"

일순간 회의실이 조용해졌다.

"정보시스템부장님. 1개월 안에 제가 요구하는 대로 컴퓨터시스템을 다시 만들어주세요. 부탁드립니다."

정상가동 그리고 새로운 도전

"이제 남은 것은 컴퓨터시스템이군요."

유키는 NFI의 도다 상무와 진나이를 보며 말했다.

"이 건에 관해서 말하자면."

가라사와 정보시스템부장은 이번 시스템 도입이 지연된 가장 큰 원인은 NFI의 애드온소프트 AP와 추가 프로그램이 제대로 기능하지 못한 점, 그 결과 한나가 불필요한 지출을 할 수밖에 없었다는 내용을 설명했다.

"진나이 씨. 그런 미완성인 소프트웨어를 팔아먹다니 저는 도저히 용서할 수 없습니다."

가라사와는 굳은 각오로 말했다. NFI의 분노를 사면 이 업계에서 매장된다. 어쩌면 이번 일로 컴퓨터시스템 전문가로서의 길이 영원히 끊길지도 모른다.

"생트집 잡지 마세요. 가라사와 부장님이 프로젝트 책임자로서 능력이 없어서 이런 결과가 나온 것 아닙니까? 그래놓고 오히려 적반하장이라니."

갑자기 진나이는 무언가에 홀린 듯이 마구 지껄여댔다.

도다는 갑자기 이성을 잃고 흥분하는 진나이를 유심히 관찰했다. 한나의 정보시스템부장이 작성한 보고서를 읽어보면 진나이에게 잘못이 있다는 것은 너무나도 분명한 사실이었다. 그러나 믿고 싶지 않았다. 한 가닥 희망을 품고 이 회의에 참석했는데, 저 허둥대는 모습을 보고 있노라면 의심할 여지가 없었다. 도다는 고개를 절레절레 흔들었다.

"여보게, 진나이 군. 뭔가 나에게 숨기는 거 없나?"

그 이후로 진나이는 조개처럼 입을 굳게 다물었다.

"가라사와 부장님. 진나이 씨와 무슨 일이 있었습니까?"

제조부장이 물었다.

"아니요. 아무 일도 없습니다. 그보다 이제 군살을 제거할 수 있고 게다가 사장님의 요구 사항도 명확해졌으니 다시 한번 멋지게 도전하고 싶은 생각이 들었습니다."

가라사와는 얼굴 가득 미소를 지었다.

이튿날, NFI의 도다 상무가 유키에게 전화를 걸어왔다. 무상으로 기술협력을 하겠다는 내용이었다.

"저희 회사의 자존심을 걸고 2개월 안에 사장님의 요구 사항을 실현하겠습니다."

그러자 유키는 "1개월 안에 부탁해요"라고 말했다. 도다는 "알겠습니다"라고 말하며 전화를 끊었다.

그날 오후, 다카다 지점장이 방문했다. 그는 평소의 그답지 않게 근처에서 샀다며 유키에게 작은 케이크를 내밀었다.

"어제는 정말 면목이 없었습니다. 경리부장의 무례를 뭐라고 사과드려야 할지."

그는 자신이 추천한 다마루 경리부장이 유키의 오른팔로서 한나에 공헌하고 있으리라 믿어 의심치 않았던 것이다.

"다마루 부장과 깊이 있는 대화를 나눠보겠습니다. 또한 앞으로도 저희 은행은 한나를 전면적으로 지원할 것을 약속합니다."

지점장은 그렇게 말하면서 공손하게 머리를 숙였다.

그날부터 시스템 구축을 위한 대대적인 작업이 개시되었다. 유키가 경리부장의 일을 돕고 실무 작업은 타로우가 맡았다. 유키는 전

제품을 정확히 조사해 판매가 중지된 제품은 서둘러 직판장으로 보내거나 바겐세일을 지시했다. 그리고 추가 생산은 판매량이 상위 20퍼센트 이내이거나 또는 매출총이익이 40퍼센트 이상인 제품만으로 한정했다. 또한 신제품을 차례로 투입할 수 있는 체제를 정비했다. 소매점에는 앞으로 위탁판매를 중지한다는 서한을 보냄과 동시에 소량 출하는 하지 않겠다고 전했다. 이것만으로도 출하운임과 반품은 틀림없이 감소할 것이다.

그로부터 1개월 후, NFI의 도다 상무가 약속한 대로 ERP시스템이 정상적으로 가동되었다. 애드온소프트 AP와 추가 프로그램은 모두 제거되었다. 그 결과 컴퓨터의 처리 속도가 놀랍도록 빨라졌다.

유키는 다음 단계를 생각했다. 그것은 바로 경영계기판이었다. 그러나 피폐할 대로 피폐해진 회사가 다시 일어서려면 시간이 조금 더 필요했다.

(하지만 1년 이내에 실현할 거야.)

유키는 아우토반을 떠올리며 굳게 다짐했다.

축배

유키는 히비야에 있는 최고급 호텔의 프랑스 레스토랑에 혼자 앉아 있었다.

"아, 늦어서 미안."

아즈미는 여전히 덥수룩한 머리를 긁적이며 의자에 앉았다.

"모든 일이 순조롭게 잘 풀린 것 같군?"

"이번에도 선생님 덕분이에요."

유키는 살며시 미소 지었다.

"나는 그리 큰일을 하지 않았어. 맛있는 와인을 마시고, 맛있는 요리를 먹고, 유키 양의 질문에 대답만 했을 뿐이야."

아즈미는 안경을 꺼냈다. 유키는 안경 낀 아즈미의 모습을 그날 처음 보았다.

"시력이 나빠지셨나요? 돋보기인가요?"

"실은 어릴 적부터 원시였어."

그는 대수롭지 않게 말하고는 와인 목록을 들여다봤다.

"오늘은 오늘에 어울리는 와인을 마셔야겠군."

아즈미는 소믈리에를 불러 와인을 주문했다.

"유럽에서의 강의는 정말 즐거웠어. 특히 부르고뉴는 말이야."

아즈미는 흡족한 듯이 웃었다.

"나는 즐거운 여행을 했고 유키 양은 경영자로서 성장을 했어. 그 성장은 곧 열매를 맺을 거야."

촛불이 아즈미의 얼굴을 비췄다.

"다 선생님 덕분이에요."

"인생은 참 재미있어. 그러나 그 재미는 희망을 잃지 않고, 고뇌하고, 생각하고, 노력한 자만이 누릴 수 있는 선물이야."

소믈리에가 와인을 가지고 왔다.

"라 타쉬, 도멘 드 라 로마네 꽁띠의 대표작이야. 유키 양 그리고 유키 양의 어머니와 함께 갔던 그 포도밭에서 수확한 포도로 만든 레드와인이지."

아즈미는 잔을 들어올리며 말했다.

"이건 유키 양에게 주는 선물이야."

유키는 라 타쉬를 입에 넣고 음미했다. 부드러우며 품위가 있고 행복감마저 들게 하는 맛이었다.

유키는 핸드백에서 흰 봉투를 꺼냈다.

"만족하실 액수라고는 생각하지 않지

아즈미의 노트

인생은 재미있는 것이다. 그러나 그 재미는 희망을 잃지 않고, 고뇌하고, 생각하고, 노력하는 자만이 누릴 수 있는 선물이다.

만, 받아주세요."

아즈미는 봉투에서 수표를 꺼내 금액을 확인했다. 그리고 라 타쉬를 한 모금 마신 뒤 말했다.

"방콕에서 청구 금액을 말하지 않길 잘했군."

유키와 아즈미는 환한 미소를 지으며 와인 잔을 눈높이까지 들어 올렸다.

회계학
콘서트

회계학 콘서트 ②관리회계

제3판 1쇄 인쇄 | 2018년 4월 25일
제3판 1쇄 발행 | 2018년 5월 2일

지은이 | 하야시 아츠무
옮긴이 | 박종민
감수자 | 반동현
펴낸이 | 한경준
펴낸곳 | 한국경제신문 한경BP
편집주간 | 전준석
책임편집 | 황혜정
외주편집 | 장민형
저작권 | 백상아
홍보 | 정준희 · 조아라
마케팅 | 배한일 · 김규형
디자인 | 김홍신
본문디자인 | 김수아

주소 | 서울특별시 중구 청파로 463
기획출판팀 | 02-3604-553~6
영업마케팅팀 | 02-3604-595, 583 FAX | 02-3604-599
H | http://bp.hankyung.com   E | bp@hankyung.com
T | @hankbp   F | www.facebook.com/hankyungbp
등록 | 제 2-315(1967. 5. 15)

ISBN 978-89-475-4328-6   03320